A MENTE PRIMORDIAL

Blucher

A MENTE PRIMORDIAL

Entre luz e sombra

Gisèle de Mattos Brito

A mente primordial: entre luz e sombra

Editora Edgard Blücher Ltda.

Publisher Edgard Blücher
Editor Eduardo Blücher
Coordenação editorial Andressa Lira
Produção editorial Mariana Naime
Preparação de texto Helena Miranda
Diagramação Alessandra de Proença
Revisão de texto Sérgio Nascimento
Capa Laércio Flenic
Imagem de capa iStockphoto

Blucher

Rua Pedroso Alvarenga, 1245, 4º andar
04531-934 – São Paulo – SP – Brasil
Tel.: 55 11 3078-5366
contato@blucher.com.br
www.blucher.com.br

Segundo o Novo Acordo Ortográfico, conforme 6. ed. do *Vocabulário Ortográfico da Língua Portuguesa*, Academia Brasileira de Letras, julho de 2021.

Dados Internacionais de Catalogação na Publicação (CIP)
Angélica Ilacqua CRB-8/7057

Brito, Gisèle de Mattos
A mente primordial : entre luz e sombra / Gisèle de Mattos Brito. – São Paulo : Blucher, 2023.
136 p.

Bibliografia
ISBN 978-65-5506-580-0

1. Psicanálise. I. Título II. Série.

23-4672 CDD 150.195

Índice para catálogo sistemático:
1. Psicanálise

Agradecimentos

A meus pacientes, pela confiança e pela oportunidade de me permitirem acompanhá-los em dimensões tão profundas de suas mentes.

A João Carlos Braga, amigo e mestre, que muito compartilho.

A Maria Bernadete Contart de Assis, pela parceria e pelo incentivo na escrita deste livro e em uma vida toda.

A todos aqueles cujas trocas riquíssimas me ajudaram neste caminho de aprendizado e desenvolvimento.

Dedico este livro a meu pai,
José Américo Junqueira de Mattos,
que foi minha inspiração, como pessoa e como psicanalista,
e que muito me acolheu e ensinou ao longo de toda a minha vida.

Conteúdo

Apresentação

Eu não sei por que a Esfinge
não é citada com mais frequência:
talvez seja porque a Esfinge se suicidou
e nós não sabemos se devemos exercitar
nossa curiosidade, ou matá-la.
(Wilfred Bion, 2016, p. 51)

Nós, psicanalistas, somos cientistas da mente, buscamos exercitar nossa curiosidade e nossa intuição para perscrutar os vestígios, os sinais que emanam das profundezas de nossas mentes. Como bem apontou Braga (2022, p. 5), os psicanalistas deveriam desenvolver "uma condição de astrônomo", ou seja, de investigação e ampliação da capacidade de captação do que não é sensorial, mas pode ser intuído e é tão real como o é a percepção sensorial.

A ciência, em seu espantoso desenvolvimento, está nos revelando por meio do novo telescópio espacial James Webb imagens inéditas com uma riqueza de detalhes e cores capaz de transformar nossa compreensão do universo. Temos acesso a imagens localizadas a mais de 13 bilhões de anos-luz de distância da Terra, que revelam estrelas cobertas por poeira, o que os cientistas chamam de "berçário de estrelas". Estamos, assim, adentrando nas origens do universo. Braga, neste mesmo comentário, indaga:

> *Se com radiotelescópios poderosos podemos captar sinais das origens do universo e investigar a existência de vida inteligente fora da Terra, com uma mente afinada para ficar disponível a sinais emanando do desconhecido "infinito vazio e sem forma", também poderíamos captar manifestações dos inícios da vida mental (O)? (2022, p. 7)*

Este livro tem como fulcro a investigação dos primórdios de nossa vida mental, o "berçário" da formação da mente. Assim, buscaremos colher, por meio de desenvolvimentos da clínica psicanalítica, vestígios de nossa mente primordial.

Os primórdios...

Estudava e trabalhava como psicanalista havia muitos anos, sempre pesquisando sobre aquilo que a clínica me instigava. Curiosa, buscava aprofundar o que sentia, o que conseguia perceber diante do que meu paciente em mim despertava, e esse movimento me impulsionava à busca do aprofundamento de minhas impressões e meus sentimentos. Minha clínica me colocou em contato, desde o princípio, com pacientes imersos em agonias profundas e sofrimentos que os mantinham naquela corda bamba entre a vida e a morte. Acompanhava e buscava em minha análise aprofundar reflexões e sentimentos; mais do que isso, buscava desenvolver recursos para poder viver aquelas experiências junto aos pacientes e, com sensibilidade e delicadeza, ajudá-los a iluminar suas vivências.

Muitos são os autores que trabalham a temática do suicídio. Essa é uma ocorrência frequente e que nos mobiliza profundamente. Entre nós, o amigo Cassorla (2017, 2021) vem se dedicando com muita competência a esse tema. Bion conjecturou, como refletiremos neste livro, a ocorrência do suicídio como consequência de vivências nesta dimensão, a da mente primordial.

Foi em 2009 que sofri grande impacto com o trabalho de meu pai, José Américo Junqueira de Mattos, e João Carlos Braga: "Consciência moral primitiva: um vislumbre da mente primordial" (Junqueira & Braga, 2009). Nunca mais parei de pensar nesse trabalho e em suas implicações em minha clínica e em meus estudos. Fiz extensa leitura das supervisões de Bion realizadas no Brasil em busca de vestígios e das suas falas. Paralelamente, observava certos atendimentos, e crescia em mim a impressão de algo muito importante a ser pesquisado, pensado, pois sentia o despertar em mim de "sentimentos e pensamentos embrionários" (Bion, 1977a, p. 41); sim, o contato com vivências pesadas, brutas, como define Bion (*Elementos β*, emergidos como angústias, pesadelos, desconfortos físicos que não mais passavam desapercebidos e desconectados do que vivia com meus pacientes, puderam lentamente, em parte, serem transformados em *elementos α*). Apenas recentemente me dei conta de que, na verdade, essas questões sobre a origem da mente e dos pensamentos já ocupavam minha mente e me intrigavam.

Em 2002, escrevi o trabalho "*Elementos β* como fator de disfunção e evolução no campo analítico", no qual busco refletir, em outra perspectiva, os *Elementos β*. Hoje, alcanço sua presença nos primórdios do desenvolvimento da mente, muito anteriores à teoria do pensar (Bion, 1962a), algo que poeticamente Bion toma emprestado de Keats: "não se pode ignorar algo só por ser desconhecido, nem por já ter sido descoberto" (Bion, 1977a, p. 69). Ele diz, ainda, em "Cesura", citando Martin Buber: "O homem conhece o universo no útero de sua mãe, e o esquece, ao nascer" (1981, [1977b]).

Os *Elementos β*, brutos, coisas-em-si, desconhecidos, são tanto fonte do desenvolvimento do pensamento como vestígios de vivências, inscrições obscuras da mente. Eles "brotam" em nossa mente e nem sempre podem ser elaborados. Vejam o que diz Bion:

> *No caso de um desses pensamentos extraviados brotarem, acho que tentarei estar preparado para recebê-los, tendo arranjado certas categorias que pudessem adequar-se a colocá-los temporariamente numa situação... mas, que tipo de situação? Seria difícil encontrar uma palavra para isso. O vocabulário de que eu disponho no momento não me parece suficiente para minhas necessidades: então, vou chamá-lo de "caixa". (1977a, p. 40)*

E continua:

> *A primeira caixa que me vem à mente, no fundo, não presta para algo tão efêmero como aquilo que me parece ser um pensamento: vou chamar esta caixa de "Elementos β". Eu não sei o que isso significa, nem o que isso é: enquanto isso não acontecer, acho melhor me manter ignorante. Mas, de qualquer modo, caso esta estranha criatura surja boiando no meu horizonte, não posso ignorá-la. (p. 40-41)*

Os *Elementos β*, "estranha criatura", parecem-me aproximar a filogênese da ontogênese, o impulso, de um lado, e as vivências sensoriais e emocionais, de outro. A realidade última, o *O*, incognoscível, do qual apenas nos aproximamos, é compreendido por *Elementos β*, que são elementos brutos, coisas-em-si, como "berçários de estrelas", vagando em nosso universo mental. Parte deles serão transformados pela função *α* e ganharão qualidade psíquica (*Elementos α*), tornando-se material para a formação de pensamentos. Por outro lado, parte desses *Elementos β* permanecerão não transformados, ficarão inacessíveis e, ainda, serão evacuados.

Algo novo foi ganhando um sentido e expandindo meu campo de reflexão. Levei anos para escrever um pouco do que está contido neste livro. É interessante perceber e correlacionar algo importante que ocorreu comigo, que sinto estar presente no trabalho com esses pacientes. Aproximava-me, pensava, escrevia um pouco e me distanciava. Com o tempo percebi esse movimento, e sentia a mesma dinâmica com os pacientes: aproximávamos e, então, precisávamos nos distanciar de experiências terroríficas, eivadas de uma culpa delirante. Era necessário me abrir para viver a cada dia experiências nebulosas, que mesclavam vivências desconhecidas, assustadoras e, ao mesmo tempo, de profundo contato com um sentido de verdade compartilhada — algo que destaco no subtítulo deste livro, *Entre luz e sombra*.

Em seus últimos trabalhos (entre 1976 e 1979), Bion conjectura e delineia a existência de uma mente primordial. Essa mente primordial, segundo o autor (1979), faz parte do *self*, que compreende corpo e mente. Seu vértice de observação é somatopsíquico, considera todo o tempo a existência de trocas e comunicações de um campo para o outro. Com a cesura do nascimento, esses registros ficariam inacessíveis. Entretanto, ao mesmo tempo que conjecturou que as experiências pré-natais do feto ficariam inacessíveis após a cesura do nascimento, por outro lado, Bion acredita que estas deixariam traços, vestígios sob a forma de sentimentos hostis transformados em protoideias, ou seja, o feto a termo poderia, sim, ter uma mente, uma personalidade.

Na medida em que avancei no estudo da obra de Bion, pude perceber que os sistemas dedutivos em que ele e Freud trabalhavam eram diferentes. Freud centrou-se nos instintos e seus destinos, com um viés explicativo-causal; já o sistema que Bion enfoca é descritivo. Como bem nos assinala Braga (2020, p. 3), Bion tomou como "cerne de seus estudos uma função mental centrada no pensamento".

Entretanto, quando trazemos os *Elementos β* como presentes nessa matriz indiferenciada, na dimensão de O, desconhecido, inefável, berçário de *Elementos β* nascentes, tenho a impressão de que aproximamos o vértice filogenético do ontogenético. Em meu entendimento, a modificação que Bion trouxe ao modelo de Freud deve-se ao acréscimo da teoria dos *Elementos β* àquela da condição instintiva, ou seja, a presença dessa função do pensamento, desde a origem, pela fusão dos aspectos filogenéticos e ontogenéticos na dimensão da mente primordial. Entendo que os impulsos, assim como as impressões sensoriais e emocionais, são *Elementos β* nascentes.

Bion ousou formular conjecturas imaginativas para pensar toda uma área das experiências intrauterinas do bebê. Trabalhou tanto em um campo relacional, desde a origem, como em um campo instintual e psicológico. Fez considerações que podem, com a experiência clínica, ser ampliadas com possibilidade de se tornarem hipóteses racionais, além de pensar uma configuração ligada às impressões do bebê ainda intraútero, quando não há recursos mentais para sua elaboração.

A mente primordial, como berçário das origens da mente, é um universo que vem sendo descoberto por meio de profundas experiências clínicas. Estamos adentrando no domínio da alucinose, descobrindo uma matriz pré-verbal, uma zona indiferenciada, o domínio de O, em que "transformações em impressões sensoriais (*Elementos β*) acontecem" (Vermote, 2019, p. 156).

A experiência clínica tem nos aproximado de áreas não conhecidas da experiência (domínios de *O*) e nos oferece subsídios para avançarmos, lançarmos luz sobre essas áreas de sombras, possibilitando-nos a captação do que sentimos ser os primórdios da vida mental.

Prefácio

Com *A mente primordial: entre luz e sombra*, Gisèle de Mattos Brito nos oferece um precioso livro, no qual desenvolve e aprofunda pensamentos que têm estado presentes entre nós nas duas últimas décadas. Seu tema, a mente primordial, refere-se a um âmbito da mente ainda muito pouco investigado e seu livro é o primeiro que reúne, examina e discute o que tem sido escrito a este respeito. Com isso, a autora dá continuidade ao fato de ser principalmente entre nós, analistas brasileiros, que o estudo dessas ideias encontra maior ressonância.

Penso ter importância começarmos destacando o *de Mattos* no nome da autora, assim como sua dedicatória do livro a *José Américo Junqueira de Mattos*, seu pai. Pai e filha surgem aqui associados no estudo da mente primordial; Junqueira, ex-analisando de Bion, foi quem, em 2009, chamou a atenção do mundo psicanalítico para esse âmbito da mente descrito por Bion. Agora, com este livro, Gisèle organiza o conhecimento que dele já temos acumulado. Vejo nesta associação de Junqueira e de Gisèle um preito de gratidão de ambos a Wilfred Bion.

A contribuição de Gisèle com este livro

Na "Apresentação" de seu livro, Gisèle nos oferece um panorama sobre seu longo interesse, envolvimento e dedicação ao estudo da *mente primordial*. Coloca-nos a par de como surgiu e evoluiu a semente do que hoje colhe com a publicação desta obra, assim como assinala os pontos centrais desse conceito que irá discutir em seus capítulos. Contextualiza-os e os amplia em elaborações, a partir de sua própria experiência psicanalítica.

A contribuição original de Bion foi a de apontar como esses protoelementos do psiquismo já estão presentes desde o embrião e como sinais deles podem ser encontrados na mente desenvolvida de adultos. A contribuição de Gisèle está sendo a de examinar, de maneira teórico-clínica, as várias facetas do conhecimento que hoje temos sobre essa conjectura de Bion em seus últimos anos de vida (1976-1979).

Ao citar extensamente a Supervisão A35 (Junqueira *et al.*, no prelo, p. 59), Gisèle nos expõe a ideia central que fundamenta todo este estudo: como seres humanos, carregamos em nosso cerne, como um leito de pedras da vida mental, uma "força, poder ou energia" que se nos impõe cega e onipotentemente ("força cega", "força onipotente") como impulsos que urgem para existir.

A inclusão de momentos das supervisões de Bion em São Paulo em 1978, como exemplificado anteriormente, enriquece e valoriza em muito os estudos até aqui realizados sobre esse tema. Nelas, ideias formuladas por Bion de maneira clara e coloquial, no calor de discussões clínicas, constituem-se em um importante enriquecimento à nossa compreensão do pensamento do próprio autor sobre essas formas primárias de nosso funcionamento mental.

Em capítulos-chave, cobrindo os conceitos fundamentais dessa contribuição de Bion, a autora descreve, discute e nos oferece ilustrações clínicas sobre fundamentos dessas ideias que o próprio Bion chamou de *uma das descobertas fundamentais de psicanálise* (1977, p. 53) e de sua frequente presença *em muitas análises diferentes* (1978, São Paulo).

A abrangência do livro pode ser ilustrada pelos temas que nele estão discutidos, cada um em um capítulo próprio: "Conjecturas imaginativas e racionais"; "A mente primordial (1976 a 1979)"; "A cesura"; "Os pensamentos sem pensador e os pensamentos selvagens"; "Sentimentos de ser só e ao mesmo tempo dependente"; "Consciência moral primitiva"; e "*Urge to exist*". Em cada um deles, além da apresentação das ideias de Bion, os conceitos expostos ganham uma elaboração pessoal da autora, assim como várias ilustrações por experiências clínicas. Um capítulo à parte complementa esse exame, "Algumas considerações à discussão dos fragmentos clínicos", destacando a perspectiva clínica que orienta todo o livro.

O trabalho de pesquisa feito por Gisèle foi cuidadoso e minucioso e as ideias aqui reunidas podem ser vistas como uma busca por criar aproximações com essa dimensão ainda pouco explorada da vida mental. Constituem-se em importante auxílio a todo analista praticante, funcionando como uma atualização do mapa mental que o orienta, ao discriminar o primordial do desenvolvido após o nascimento, advindo com as relações objetais. Demonstram como podemos encontrar, no adulto psiquicamente desenvolvido, sinais desta origem primordial (O) do que vai surgir impregnando formas sofisticadas de vida mental.

Algumas ideias de Bion aqui iluminadas por Gisèle

O universo psicanalítico expandiu-se fortemente nestes cento e vinte anos de investigações teórico-clínicas, da mesma forma que aconteceu com nosso conhecimento sobre o universo físico que nos envolve. Uma dessas expansões é a conjectura racional (Bion & Bion, 1981, p. 77) da existência de uma mente primordial, uma forma de funcionamento da mente já presente no embrião em desenvolvimento, produto de investigações de como a realidade psíquica surge por meio de seu enraizamento em estruturas somáticas.

Embora presente de maneira muito significativa na obra de Bion, em artigos (1977 [1975], 1976), seminários (Roma, 1977; São Paulo, 1978), assim como na trilogia *Uma memória do futuro* (1975-1979), a ideia de que encontramos sinais desses primórdios de nossa vida psíquica (*vestigial remains*) ainda presentes em adultos com bom desenvolvimento mental nos é apresentada como uma conjectura, *que pode levar anos para ser comprovada cientificamente* (Bion & Bion, 1981, p. 83). Nas palavras de Bion (1977, p. 53):

> *Será que algumas destas "partículas sobreviventes" podem ser evidenciadas naquilo que se pode observar agora na fala humana da pessoa com quem estamos falando, bem como em nós mesmos que produzimos a fala? Esta me parece ser uma das descobertas fundamentais da psicanálise: estados mentais arcaicos, pensamentos e ideias arcaicas, padrões primitivos de comportamento, tudo isto pode ser detectável em pessoas mais civilizadas e cultas, já que, em pessoas mais primitivas é de se esperar que estejam menos camufladas.*

A experiência clínica nos oferece elementos para levarmos seriamente em consideração essa ideia de Bion. São manifestações dos pródromos de um eu (sentimentos de *ser só e dependente*), de um sistema moral primitivo (*consciência moral primitiva*) e de forças que pressionam para ser atendidas, *urgindo por existir.*

Entretanto, ainda é uma concepção que aguarda por ser acolhida na corrente maior do pensamento psicanalítico, quase cinquenta anos após sua formulação.

A perspectiva histórica em que Gisèle nos situa

Com a enorme ampliação de nosso acervo de conhecimentos sobre a vida mental, passamos a nos haver, também, com enorme ampliação de nossas fronteiras com o desconhecido e com o incognoscível. A investigação psicanalítica dessas dimensões nos impôs a necessidade de novas conjecturas e hipóteses de trabalho. É nesse sentido que Bion nos lega o reconhecimento de sinais indiretos da existência de forças misteriosas, desconhecidas, das quais nada sabemos. Identificamos que elas estão ancoradas na dimensão do biológico e que constituem a proposta da existência de uma mente primordial, pré-natal, anterior às formas de funcionamento mental descritas por Melanie Klein (mente primitiva) e por Freud (mente simbólica).

Curiosamente, de certa maneira a proposta teórico-clínica da presença em nós de resquícios dessa mente primordial leva-nos aos inícios da psicanálise, ao tempo em que Freud discriminava as experiências com as quais estava podendo identificar manifestações da existência de uma outra dimensão da realidade, a realidade psíquica, para além/aquém da realidade material. Como Freud naqueles momentos iniciais da criação da psicanálise, Bion nos traz aqui conjecturas imaginativas e racionais, também elaboradas a partir da experiência clínica com uma dimensão da mente já presente antes do nascimento. Essas ideias surgem como andaimes que implementam o pensamento psicanalítico nas dimensões do desenvolvimento da mente, do seu funcionamento e do processo analítico.

Esse movimento de Bion o aproxima, também, de ideias de Freud sobre a face biológica da origem da mente e de suas teorias dos instintos e da herança filogenética. De posse dos novos modelos possíveis, e a partir dos conhecimentos de hoje sobre a mente, diríamos que seria como um "programa" biológico determinante das linhas de desenvolvimento psíquico, assim como o são as do desenvolvimento somático. No adulto, esses remanescentes de uma vida psíquica primordial seriam como que uma dimensão do somático infiltrada no psiquismo desenvolvido, constituindo a área cinzenta que Freud identificou como *pulsões* e que qualificou como *nossa mitologia psicanalítica* (1933, p. 119).

Mas continuamos a pensar nessas dimensões da mente apenas como mitológicas? Hoje temos elementos para entender que uma das vertentes que originam a mente está na fantástica dimensão de reações químicas (*pharmacological reactions*, em Bion & Bion, 1981, p. 8) e elétricas que produzem e conduzem impulsos em nosso sistema nervoso. O fato de suas resultantes serem basicamente as mesmas em todos os seres humanos impõe-nos o pensamento de que carregamos uma herança filogenética em comum.

O conhecimento científico sobre a face biológica dessas funções fronteiriças entre mente e soma ainda é insuficiente. Como analistas, podemos contribuir com a investigação da face psíquica desse complexo biológico/psicológico que fica acessível em nossa prática analítica, possibilitando as teorizações que sobre elas aqui estão formuladas. Como nos diz o personagem "Bion" em *Uma memória do futuro* (I, 215): "Admito que o 'teorizar' faça parte de 'praticar' psicanálise".

Bion possivelmente interessou-se por essas manifestações como parte de um projeto maior seu, a busca das origens da mente. Se com radiotelescópios poderosos podemos captar sinais e investigar a existência de vida inteligente fora da Terra, com uma mente afinada para ficar disponível a sinais emanando do desconhecido "infinito vazio e sem forma", podemos captar manifestações dos inícios da vida mental (*O*)? Penso ser essa a questão maior na qual estamos nos envolvendo ao estudar a mente primordial, na melhor tradição da psicanálise enquanto atividade científica.

Uma última palavra

Com *A mente primordial: entre luz e sombra*, Gisèle me traz, pessoalmente, muita alegria, além de ficar honrado com seu convite para estar presente neste livro por meio deste "Prefácio". Tenho me interessado por essas ideias todos estes últimos anos e vejo na obra de Gisèle um passo importante para divulgar nossa aproximação a esse tema. Se Bion escolheu a mente primordial para a ela se dedicar nos três últimos anos de vida, certamente deve ter vislumbrado nela elementos psicanalíticos muito significativos.

Espero que Gisèle, com este livro, nos ajude a elevar esse âmbito mental a um patamar mais alto em nosso referencial psicanalítico teórico-clínico contemporâneo.

João Carlos Braga

1. Conjecturas imaginativas e racionais

Em primeiro lugar,
considerarei a imaginação especulativa:
que tipo de valor deveríamos atribuir a isto?
Minha impressão é que isto é muito importante.
(Wilfred Bion, 2016, p. 55)

O ponto que estamos discutindo e, para o qual isto
é relevante, é a questão da imaginação especulativa.
A menos que o analista se faculte o exercício da imaginação
especulativa, ele não conseguirá produzir as condições nas
quais o germe de uma ideia científica possa florescer.
(Wilfred Bion, 2016, p. 62)

O modelo de ciência vem se modificando ao longo dos anos. Einstein dizia que primeiro ele intuía um fato e depois buscava prová-lo matematicamente. Como bem lembrou Renato Trachtenberg (2017), Freud sofreu um impacto com o comentário de Krafft-Ebing a respeito de seus relatos clínicos quando este disse que não passavam de "um conto de fadas científico". Como ressaltou, o modelo de ciência na época não permitia uma permeabilidade entre ciência e imaginação.

Entretanto, Bion (1978) chamou atenção para a importância de reconhecermos a imaginação como parte do trabalho científico. Em seus textos e suas supervisões, sinalizou que essas "conjecturas imaginativas" poderiam ser estágios na construção de formulações psicanalíticas científicas.

Em uma supervisão dada no Brasil, A16, quando um participante disse para Bion que sua primeira hipótese diante do caso clínico era de que a paciente teria tido algum tipo de psicoinfertilidade, dentre as observações feitas por Bion (2016), destaca-se:

> ***Bion**: Quando o assunto é uma pergunta sobre a mente, você não pode ver a mente. Portanto, isso se foi. Estamos cegos! A mente não cheira, não tem uma forma, não faz barulho. Portanto, seus ouvidos não podem lhe dar nenhuma informação — ela depende de algo que temos de imaginar, ou inventar, chamaremos de <u>intuição</u>. Não é intuição fora (<u>out-tuition</u>) — não é o que nos foi ensinado — mas o que seu olhar interior pode lhe dizer — <u>in</u>-tuição.*
> ***T**: Ou <u>in</u>sight?*
> ***Bion**: Insight. Agora, esse tipo de sentido — pelo que nós sabemos — é diferente dos sentidos sobre os quais falamos ordinariamente. Pode ou não pode ser, porque não sabemos o que são nossos sentidos intuitivos. Mas, até onde podemos falar a respeito deles, pode-se dizer*

> *que começam a tomar formato nas nossas mentes, na forma de uma conjectura imaginativa. Portanto, primeiramente: é a sua capacidade para imaginar e adivinhar. À medida que o paciente continua a vir, essas conjecturas imaginativas podem se tornar conjecturas racionais — você pode pensar. Nós podemos dizer, penso eu, e acho que com razão: conjectura racional, que esse paciente é isso ou aquilo. Por exemplo: com essa paciente em questão, penso que todos nós poderíamos adivinhar. Conjecturas imaginativas a respeito do que é o problema. Então, eu diria: "Você teria outra conjectura? Você acha que seria uma conjectura sensata? Uma conjectura racional?". (grifos nossos)*

Como destacamos no trabalho apresentado por mim e João Carlos Braga em Barcelona: quando se trata do psíquico, *nós não sabemos o que são nossos sentidos intuitivos* (Bion, Supervisão A16). Precisamos criar conjecturas imaginativas a partir de uma intuição que emerge pela justaposição entre o que evolui na mente do analisando e o que está em evolução na mente do analista (Bion, 1965, p. 49). É a imaginação que nos permite criar conjecturas que dão forma às impressões, aos sentimentos que experimentamos, que vivenciamos na experiência com nossos pacientes. Se temos que criar, inventar, estamos imersos no desconhecido. O desconhecido é o foco principal e para tolerá-lo precisamos suportar as incertezas, o não saber os movimentos de luz e sombra presentes na cesura.[1]

Bion (1977a, p. 47) indaga:

> *Qual, então, seria a linguagem, o método de comunicação que precisamos empregar quando quisermos descrever,*

1 Aprofundaremos este tema em capítulo subsequente.

> *formular ou capturar uma ideia que venha a nosso encontro em nossos sonhos, que nos seja transmitida por alguém, ou apareça em estados de mente inéditos, estejamos acordados ou adormecidos?*

Ele chama a atenção para o fato de que podemos fazer conjecturas imaginativas por meio de sonhos, e outras transformações, e destaca que depende de nossa "capacidade de podermos confiar na evidência de nossos sentidos" (Bion, 1977a, p. 57). Contamos com nossa capacidade de observar atenta e livremente, colocando-nos disponíveis, até que uma imagem, uma memória-sonho, a *rêverie* do analista ou sua intuição, dê forma a uma conjectura racional (pensamento) ao ponto de que este possa ser comunicado ao paciente.

O que fica como algo muito significativo é a compreensão de Bion de que o analista precisa permitir que sua imaginação especulativa possa emergir e ser treinada, de que ele precisa ser curioso e tolerante com suas especulações, senão "ele não conseguirá produzir as condições nas quais o germe de uma ideia científica possa florescer" (Bion, 1977a, p. 62). Para tal, precisa ousar desafiar o desconhecido, no sentido de não matar a sua curiosidade.

2. A mente primordial (1976 a 1979)

> *Isto pode parecer um assunto acadêmico e sem importância — a menos que pensemos que possa haver alguma verdade na afirmação [...] de que há alguma conexão entre o pensamento e a vida emocional pós-natal e a vida pré-natal. Exagerando a pergunta, com a finalidade de simplificar: deveríamos pensar que o feto pensa, ou sente, ou vê ou ouve? Se for assim, quão primitivos podem ser esses pensamentos, ou sentimentos, ou ideias?*
> (Wilfred Bion, 1977b, p. 3, tradução nossa)

A psicanálise busca lançar luz sobre a origem do psíquico desde Freud, seu criador. A pergunta sobre quando nasce a mente tem sido objeto de estudos pelas diversas correntes analíticas. Melanie Klein levou a concepção de Freud do complexo edípico às primeiras relações de objeto: o bebê, ao mamar, tendo o mamilo em sua boca, já estabeleceria ali uma relação triangular com a mãe, e o Édipo precoce é examinado em sua obra de maneira profunda. Bion, com o conceito de pré-concepção, que seria um estado de expectação, algo que já carregaríamos, como base filogenética e ontogenética, e que aguardaria o encontro com a experiência de realização para a criação de uma concepção e um desenvolvimento do conceito, leva a psicanálise à reflexão dos primórdios de nossa vida psíquica e lança as bases para o desenvolvimento do pensamento.

Entretanto, já neste momento, podemos entrever que Bion busca analisar algo que se passa antes do nascimento, as experiências do bebê ainda no útero materno. Para Bion, mais impressionante do que a cesura do nascimento era o primórdio da vida mental intrauterina, algo como a busca por retirar das sombras perdidas no tempo, como a limpeza da poeira estelar para que as estrelas possam emergir à visão. "Há muito mais continuidades entre a vida intrauterina e a primeira infância do que a impressionante cesura do ato do nascimento nos permite acreditar". Esta observação de Freud (*Inibição, sintoma e angústia,* 1980, p. 286), encontrou em Bion profunda ressonância.

Bion fez, a partir de 1976c, um acréscimo a seu modelo de mente, concebendo a existência do que chamou de mente primordial. Neste momento de sua obra, toda a sua atenção se voltou à reflexão das experiências do feto ainda antes do nascimento; portanto, referente aos primórdios do psiquismo pré-natal. Toda uma área nova descortinou-se. Bion se permitiu conjecturar sobre a vida psíquica do embrião-feto desde o princípio de sua vida intraútero. Qual seria o impacto do desenvolvimento embrionário no psiquismo fetal? A ideia é a de que o embrião-feto poderia de algum modo registrar a pulsação de seu sangue, as ocorrências de mudanças de temperatura e pressão no fluido amniótico. Todos esses "registros" compreenderiam os primórdios de uma vida mental fetal, do nascimento psíquico. São muitas as questões levantadas. Com grande liberdade de pensamento, ele diz:

> *Façamos um voo pela fantasia; uma espécie de infância de nosso próprio pensamento. Posso imaginar uma situação na qual um feto quase a termo poderia estar consciente de oscilações extremamente desprazerosas no fluido amniótico antes que ele fosse transferido para o meio gasoso — em outras palavras, que ele nascesse. Posso imaginar que existe algum distúrbio ocorrendo, por exemplo, algo assim como os pais não estarem se entendendo. Posso ainda imaginar ruídos muito altos, ocorrendo entre a mãe e o pai — ou mesmo barulhos feitos pelo sistema digestivo da mãe. Suponha que este feto também esteja consciente das pressões daquilo que algum dia vai se tornar um caráter ou personalidade; consciente de coisas tais como medo, ódio, emoções primitivas deste tipo. Então, penso que o feto poderia, onipotentemente, transformar estes sentimentos perturbadores em hostilidade, protoideias, protossentimentos, e, em um estágio muito precoce, cindi-los, destruí-los, fragmentá-los e tentar evacuá-los. Suponha que, então, a cesura toma lugar e que o bebê seja sujeito ao trauma do nascimento e ao trauma posterior de ter que se reajustar a um meio gasoso (um modo de fazer isto é levar o meio aquoso consigo, para preservar uma capacidade de secretar muco e então continuar a cheirar, já que um meio fluido interno faz com que seja possível que centros de cheiro e gosto continuem a funcionar). Posso imaginar que o feto seja tão precoce, tão prematuro que ele tenta se livrar de sua personalidade para o início de tudo, e então, depois do nascimento — sendo ainda muito inteligente, se é este o termo adequado*

> *—, ele é capaz de aprender todas as palavras e frases que as pessoas usam de modo consciente. Na situação muito severa e muito obstrutiva que tenho em mente, o paciente aprende bastante bem a diferença entre o certo e o errado. Na realidade, o todo das regras de McNaughton não apresenta nenhuma dificuldade. Mas, até o ponto que concerne ao paciente, ele pode preservar uma mente em um nível mais profundo, como aliás ocorre, que nada sabe a respeito disto, mas que poderia, não obstante, ter sentimentos de culpa bem estabelecidos. Fico impressionado ao ver o modo pelo qual um bebê estremece e recua, como que sujeito a uma acusação quase intolerável, se você fizer um som levemente desaprovador para ele. Será que ele tem uma "consciência" bem estabelecida, de um tipo-bebê? Como é que se poderia denominá-la? Não sei que linguagem utilizar. Para meus objetivos particulares, andei inventando termos tais como "medo subtalâmico", significando tipo de medo que alguém teria se nenhuma contraprova para ele fosse produzida pelos níveis superiores de mente. O paciente pode, de fato, estar submetido a sentimentos tremendos de medo. (p. 8-9)*

Naquele tempo eram conjecturas... Hoje, temos conhecimentos que demonstram que o feto é capaz de "ver", reagir à fala dos pais, "ouvir", "sentir", como demonstra Piontelli (1996) por meio de ecografias, ultrassonografias e observações de crianças desde antes do nascimento. Segundo Piontelli, crianças estudadas desde o período pré-natal e depois do nascimento demonstraram uma semelhança na forma de se comportar. Esses avanços da ciência, e suas novas tecnologias, assim como avanços clínicos, tornam essas conjecturas mais reais. Pode ser constatado que o feto, a partir da sétima semana, já reage a estímulos, sejam eles provenientes do mundo externo, sejam eles vindos de seu próprio corpo. Ele responde com alterações de pressão, movimentos violentos, aumento do batimento cardíaco. A ideia é a de que há um psiquismo primordial e de que as experiências vividas intraútero deixam registros somáticos/psíquicos. Esses registros são partes da personalidade exiladas do sistema consciente/inconsciente e que, segundo Bion, seriam inacessíveis em função da cesura do nascimento.

Esta fala de Bion contém inúmeros pontos importantes que discutiremos ao longo do livro. Ele supôs que o feto "poderia estar consciente de oscilações extremamente desprazerosas no fluido amniótico" ou, ainda, captar algum desentendimento entre os pais ou "barulhos feitos pelo sistema digestivo da mãe", reagindo, então, com desconforto e, por vezes, intenso desprazer. Neste sentido, conjectura que o feto poderia ter algum grau de consciência de emoções primitivas tais como: ódio e medo. Seria um tipo de consciência rudimentar, primordial, de modo que esses registros pudessem deixar marcas, "vestígios".

Em sua análise, o feto poderia estar tentando se libertar dessas vivências, buscando se livrar de sua personalidade para não sentir, para eliminar sentimentos de culpa, evacuá-los ainda no útero. A ideia de que o feto sentiria culpa está na base da compreensão de Bion de que o superego teria um desenvolvimento já na ontogênese, como uma condição psíquica primária (Braga, 2020). O bebê estaria exposto aos impactos de uma moralidade ativa e violenta desde seu desenvolvimento intraútero.

Se o bebê pode ter "consciência" de sentimentos, se pode experimentar emoções como medo, ódio, prazer e dor, temos uma mente em desenvolvimento. Essa mente primordial, segundo Bion (1979), faz parte do *self*, que compreende corpo e mente.

Pois bem, imaginem vocês tamanha ruptura como o trauma do nascimento. Há neste momento um corte, uma cesura, como vamos discutir à frente, e ao mesmo tempo uma continuidade que permitiria esta ponte (Trachtenberg, 2012) permitindo o que Freud destaca como uma continuidade entre o pré-natal e o pós-natal. O campo de observação se expande. Seu vértice de observação agora é somatopsíquico, indica todo o tempo a existência de trocas, comunicações de um campo para o outro. A impressão é de que ao mesmo tempo que conjecturava que as experiências pré-natais do feto ficariam inacessíveis após a cesura do nascimento, por outro lado parece acreditar que elas deixariam traços, vestígios sob a forma de sentimentos hostis transformados em protoideias; ou seja, o feto a termo poderia, sim, ter uma mente, uma personalidade.

Vejamos o que diz Bion (2000):

> *Esses poetas e artistas têm métodos próprios provenientes de fora, o desconhecido que é tão aterrorizador e estimula sentimentos tão poderosos, não passíveis de ser descritos em termos comuns. Eles têm que ser considerados perceptivos apenas na medida em que o ser humano tem órgãos talâmicos e experiências talâmicas, e como se a própria mente humana descrita em termos físicos, fosse um sistema nervoso central desenvolvido apenas até o tálamo, não havendo então nenhuma comunicação sináptica entre o tálamo e os desenvolvimentos subsequentes da mente, o neopálio, ou seja lá qual for o termo apropriado para isto. Precisamos inventar alguma forma de discurso articulado que pudesse se aproximar da descrição dessas realidades, os fenômenos que eu, possivelmente, não consigo descrever. (p. 380)*

Penso que ele conseguiu descrever e sonhar toda uma dimensão da mente que nos possibilita, neste momento, aproximarmo-nos dessas áreas de terror, vivenciar com nossos pacientes esses impactos, como os poetas e os artistas, e pouco a pouco encontrar uma forma de comunicação. Entretanto, para isso, precisamos, como bem pontua Eigen (1985), assumir as dores que vivemos ao nascer, a natureza catastrófica da vida. Sim, desde nossa concepção vivenciamos turbulências, temos que lidar com os impactos externos, como invasões violentas, e com os impactos internos — emoções intensas, ódio, medo, culpa. Tais e tamanhas impressões exigem profundas transformações e elaborações.

Desde 1983, entre nós, a colega Joanna Wilheim, em monografia apresentada na Sociedade Brasileira de Psicanálise de São Paulo, já buscava iluminar a presença de "vestígios" de experiências pré-natais em sua clínica psicanalítica. Ela trata sobre o trauma da concepção, alguns registros manifestando-se na vida pós-natal (2004). Conjectura que estes ficariam inscritos em uma "memória celular", desde a concepção entre óvulo e espermatozoide, algo ainda mais distante de ser alcançado.

Uma experiência muito rica relatada por uma colega psicanalista vale ser compartilhada: ela precisou durante toda a gestação tomar um anticoagulante, pois tem sérios problemas circulatórios. Então, durante a gestação ela tomava duas injeções de Heparina por dia, na barriga. À medida que a barriga foi crescendo, especificamente a partir da vigésima sexta semana de gestação, havia uma série de hematomas nos locais em que eram aplicadas essas injeções. Então, por orientação médica, ela precisava aplicar compressas de gelo nessas regiões. Primeiro fazia compressa de gelo e, depois, aplicava o remédio. Começou a perceber que onde colocava o gelo resultava em algum desconforto para a bebê, que então "chutava" de tal forma que a barriga mexia e a bolsa de gelo, pela força do "chute", ia parar no chão, por vezes bem longe. Isso se repetiu muitas vezes, e claramente a bebê manifestava um incômodo. Ficariam essas experiências, vivências, impressões, perdidas num passado inacessível? Perdidas com a cesura do nascimento?

Bion (1976a), referindo-se à afirmação de Freud de que haveria mais continuidade entre a vida intrauterina e a primeira infância do que a impressionante cesura do ato de nascimento nos faria acreditar, reflete:

> *O resumo de Freud pode ser descrito como aquele em que a impressionante cesura é impressionante demais para nos permitir supor que o feto possa ter uma pró-mente e personalidade, ou poderia desenvolver sua pró-mente em uma mente depois do nascimento. (p. 224, tradução nossa)*

Referindo-se a uma impressão, Bion (1976b) diz:

> *"Parece-me que desde um estágio bem inicial o relacionamento entre o germoplasma e seu meio opera. Não vejo por que não deva deixar algum tipo de traço, ocorrência mesmo depois da impressionante cesura do nascimento [...]". (p. 236)*

E mais adiante:

> *[...] então, por que não deve haver o que chamaríamos de vestígios mentais, ou elementos arcaicos, que são operantes de uma maneira que é alarmante e perturbadora porque rompe com a bela e calma superfície que ordinariamente pensamos ser o comportamento racional. (p. 236, tradução nossa)*

É curioso pois, ao mesmo tempo que Bion se refere a essa dimensão de uma mente inacessível, ele aponta sua crença na existência de vestígios mentais, traços de memórias. Ainda que distinga essa dimensão da mente inacessível de uma mente mais organizada, que funcionaria numa dimensão consciente/inconsciente da mente, ele diz: "Parece-me que há certos desenvolvimentos prematuros e precoces que são prematuros ou precoces demais para serem tolerados. Assim, o feto, o id, faz o que pode para romper essa conexão" (p. 237).

Bion (1976c) parece aprofundar este ponto. Veja:

> *No entanto, há agora uma camada adicional dessa crença fantástica de que algo foi eliminado. Mas suponhamos que não tenha sido esquecido, que simplesmente torna-se parte essencial de uma mentalidade arcaica, pensamento inconsciente — apesar da contradição nos termos — que é extremamente ativa. (p. 241, grifos e tradução nossa)*

Green (2000) vai ao encontro dessas ideias e destaca que acreditava que esses "traços deixados pela filogênese e pela ontogênese, na estrutura da mente, devem desempenhar um papel significativo nos estágios posteriores de desenvolvimento" (p. 134)

Um aspecto importante que alguns autores como Junqueira e Braga (2009), Braga (2020), Green (2000), Brito (2021a) destacam é que em suas experiências clínicas observam que parte desses "registros" primordiais, estranhos à mente, não sofrem elaboração psíquica. Eles são evacuados pela psique e podem vir a ser contidos pela mente do analista e do analisando, mas não transformados pela mente deste último. Voltaremos a essa questão ao longo do livro.

Essas ideias nos levam à conclusão, como postulou Green (2000), de que há eventos psíquicos enraizados no corpo, como "pensamentos sem pensador", uma atividade psíquica primordial e pensamentos que encontram um continente mental para serem pensados. Como bem coloca Green: "Pensar é uma digestão da mente", e ainda: "Suponho que se pode dizer que a mente primordial é constituída de uma atividade psíquica cuja raiz está no corpo, sendo esta já uma forma de pensamento, mas sem pensador" (p. 135).

O que poderemos fazer clinicamente é acolher esses "vestígios", "registros", na experiência emocional da sala de análise, pensar e conter. André Green (2000) aponta ainda que essa especulação se liga à hipótese dos *Elementos β*: "Para Bion os elementos mais primitivos da psique são os elementos beta, ligados às experiências sensoriais" (p. 134).

Diz ainda que seriam impensáveis por pertencerem à área dos pensamentos sem pensador. Green enfatiza a relação dos *Elementos β* com o sensório, com o "corpo primitivo", e faz num artigo uma aproximação entre o id (Freud) e os *Elementos β* (Bion) que vale a pena destacarmos. Diz ele:

> *A principal diferença entre o id e o inconsciente é que, no id, do modo como Freud pensava, não havia representações. O id era constituído de impulsos, ou seja, era um conceito muito próximo da noção de elemento beta, de Bion. Bion tinha consciência disso. A principal diferença entre Bion e Freud é que os impulsos, para Freud, sempre tiveram origens mais internas, no corpo, enquanto, para Bion, os elementos beta também podem surgir de um estímulo externo na mente primordial. O que é sensorial, nos elementos beta, é principalmente a sua relação com o corpo primitivo, em que falta um pensador, e não com a fonte original do próprio elemento. (p. 137, grifos nossos)*

Essa observação de André Green é questionada por López-Corvo (2003, p. 45), que argumenta que tanto para Klein quanto para Bion o impulso não seria separado do objeto e que um impulso sempre seria ligado a um objeto. Penso, como Green, que Bion com suas conjecturas sobre a mente primordial aponta-nos que o bebê reage, sim, a estímulos externos e que estes estariam ativos no psiquismo pré-natal. Green não desenvolve essa ideia, entretanto eu penso que quando Bion (1962, p. 31) define a função α, ele diz que "opera sobre as impressões sensoriais, quaisquer que sejam elas, e sobre as emoções, quaisquer que sejam elas, das quais o paciente está ciente". Nessa fala de Bion, ele conjectura que o bebê registra experiências que vivencia, tanto sensoriais quanto emocionais — como quando reage a discussões dos pais, por exemplo. Se no útero esses *Elementos β* não podem ser processados, pois ainda não há uma função α desenvolvida, posteriormente, ao emergirem na mente consciente/inconsciente, podem ganhar continência e quiçá, para alguns *Elementos β*, elaboração. Discutiremos esse ponto mais adiante.

Nesse sentido, entendo que Bion traz para um estágio mais precoce o que desenvolveu com a teoria do pensar o pós-natal. Para mim, faz enorme sentido pensar que, ao registrar as impressões tanto sensoriais como emocionais, o feto estaria diante de uma protomente, composta por coisas-em-si mesmas, *Elementos β*, sentimentos de culpa, depressão-perseguição, com enorme turbulência.

Como destaca Vermote (2019):

> *A Grade: qualquer elemento da Grade pode ser reconsiderado de acordo com sua posição no que Bion chama de escala da Realidade, ou seja, a distância do "O". Dessa forma, os B-elementos estão mais próximos do "O"; as teorias estão muito distantes dele. Na escala da Realidade, "ou seja, Forma e lembrete, divindade e encarnação, hipérbole e evacuação", o "O" é representado por Forma, divindade e hipérbole, enquanto lembrete, encarnação e*

> *evacuação são os pontos onde o "O" pode ser apreendido por "K". (p. 126)*

O ponto importante é que os *Elementos β* se aproximam de *O* e têm sua origem na dimensão de *O*, uma dimensão do irrepresentável, infinita e desconhecida, e transitam pela cesura, podendo evoluir para um pensamento que encontre representação.

Para Bion (1963, p. 37), os *Elementos β* representam a

> *[...] matriz da qual é possível supor que os pensamentos brotam. Eles compartilham qualidades com o objeto inanimado e com o objeto psíquico, sem que haja qualquer forma de distinção entre os dois. Pensamentos são coisas, coisas são pensamentos e elas têm personalidade.*

Mais adiante, ainda diz:

> *Resumindo, Elementos β são objetos compostos de coisas-em-si, sentimentos de perseguição-depressão e culpa e, portanto, de aspectos da personalidade vinculados por um sentido de catástrofe; uma elaboração mais plena terá de aguardar por descobertas clínicas. (p. 53)*

Penso que esses *Elementos β* podem ser projetados na cesura, e entendo que Bion contempla, com suas conjecturas à mente primordial, essa possibilidade de registros de impressões sensoriais, emocionais e sua fusão com os impulsos, de se unirem e alcançarem a mente simbólica, consciente/inconsciente. Como assinalou anteriormente, os *Elementos β* "compartilham qualidades com o objeto inanimado e com o objeto psíquico". Voltarei, adiante, a essa discussão.

Grotstein (2010) também aproxima as vivências intrauterinas do feto a registros como *Elementos β*, que poderiam se unir às preconcepções na formação de protoconcepções, ou ainda permanecerem latentes e serem projetados no *self* corporal. Vejam:

> *Em resumo, Bion parece acreditar que uma vez que os rudimentos da sensação se desenvolvem e se tornam registrados no embrião e em seu sucessor, o feto, pode-se considerar que eles possuem capacidade mental, embora rudimentar. Se este for o caso, então como eles processam e se desfazem dessas sensações, particularmente as perturbadoras? Uma possível resposta poderia estar em Experiências com Grupos (*Experiences in Groups, *Bion, 1961), onde Bion escreveu sobre "fenômenos protomentais" e "sistemas protomentais" [...], que ele mais tarde reformulou como "elementos beta" [...]. Consequentemente, podemos especular imaginativamente que o embrião-feto tem a capacidade rudimentar de registrar sensações e de originar respostas a esses estímulos sensoriais — como elementos beta — que (1) poderiam desde o início ligar-se com suas contrapartes mentais correspondentes, as Formas Ideais (preconcepções inerentes, "memórias do futuro", númenos, coisas-em-si) para formar protoconcepções primitivas na forma de padrões sensoriais incipientes que aguardam o nascimento e o desenvolvimento pós-natal para posterior processamento; ou (2) poderiam permanecer latentes como elementos beta e, se houver uma falha em transformá-los em elementos-alfa, no nascimento ou após o nascimento, vêm a ser projetados no self corporal como escombros somatopsíquicos. Colocado de outra forma, o embrião-feto pode funcionar mentalmente por transformações em alucinose (principalmente visuais e auditivas). (p. 260)*

Essa fala de Grotstein aproxima a noção de *Elementos β* a esses registros primordiais e o desenvolvimento de formas ideais para "formar protoconcepções primitivas na forma de padrões sensoriais incipientes que aguardam o nascimento e o desenvolvimento pós-natal para posterior processamento", ou ainda projetados como escombros somatopsíquicos. Ele aponta *Elementos β* sendo evacuados no corpo. Buscaremos apontar como pensamos que eles se fazem também presentes na mente consciente/inconsciente. Por outro lado, Grotstein destaca a enorme importância que Bion passou a dar a partir de *Transformações* (1965) ao domínio de *O*. Ao longo de toda a sua obra, como bem pontuou Vermote (2019), Bion evolui em seu conceito de *O*. A dimensão de *O* passou da origem, da coisa em si, ao desconhecido, à dimensão não sensorial da realidade psíquica que não pode ser conhecida, mas sida. Nós nos tornamos, passamos a ser o desconhecido por meio de nossa intuição. Elementos dessa área indiferenciada e desconhecida evoluem a ponto de adentrar no campo sensorial (*Elementos β*) e encontrar uma forma de se expressar, algo de *O* para *K*.

Pela importância da síntese que faz, vejamos o que Vermote diz sobre as diferentes noções de *O* na obra de Bion.

> *Bion menciona o O pela primeira vez em "Untitled", onde uma versão de 1963 de sua Grade foi apresentada. Isso foi escrito quando ele estava terminando o "Aprender com a Experiência". Em "Untitled" é o O de origem, a realidade original e desconhecida que nos chega de forma transformada, no que diz respeito ao trabalho psicanalítico, e ele a vê como uma realidade emocional. Quando ele retoma o O em Transformações, temos: a origem incognoscível, o ponto de partida de uma transformação, porém não mais restrito ao campo das emoções.*

Em "Atenção e Interpretação", Bion explora o O a partir de diferentes modelos: o filosófico (o "Desconhecido", o "Problema da Coisa em Si" kantiana, que não podemos pensar); o matemático (infinito); o religioso (a divindade que ainda não é representada como Deus ou a Trindade (Eckhart). Através dessas explorações minuciosas, o O adquire um significado mais transcendental.

Bion afirma explicitamente que o O não é o inconsciente e que é um conceito que toca tanto no funcionamento inconsciente quanto no consciente. Mesmo que todos os conflitos inconscientes fossem resolvidos, isso não garantiria o contato com o O (Bion, 2006 [1970]). Tal contato requer uma atitude especial de não se ter memória, nem desejo, nem compreensão e nem coerência.

Mais tarde, com o conceito de cesura e também em "Uma Memória do Futuro", tenho a impressão de que o O é visto como uma espécie de camada mais profunda do inconsciente, uma expansão do inconsciente freudiano. Ele difere do inconsciente reprimido e dinâmico e é uma zona com a qual só de vez em quando temos contato. É uma zona de funcionamento mental específico a que Bion deu diferentes nomes (imaturos; pré-natais; camada alucinatória, uma espécie de funcionamento psicótico saudável).

No meu entendimento, em suas supervisões posteriores e seminários clínicos que são caracterizados por um questionamento socrático a partir de uma posição radical de não saber, Bion usou o O de uma maneira um tanto diferente novamente, como um símbolo para a realidade psíquica não sensual, radicalmente desconhecida, na qual podemos "nos transformar" por intuição. (Vermote, 2019, p. 154)

Esse *O* para Bion (2006 [1970]), dimensão desconhecida e indiferenciada, infinita e de grande potencial, passa a ser o foco de seu interesse. A possibilidade de um contato direto com a realidade psíquica por meio da intuição treinada do analista permite a detecção de pensamentos e sentimentos embrionários que emanam dessa grande matrix desconhecida, *O*. Aqui temos uma diferença importante entre Freud e Bion: para Freud, como assinala Vermote (2019), os pensamentos se originam do contato com a realidade; já "No modelo de Bion, o movimento vem da zona indiferenciada para o pensamento verbal (o '*O*' encontra o '*K*')" (p. 17). Essa dimensão indiferenciada está apoiada numa base não sensorial, em que fortes emoções, como ódio, amor, ansiedade e culpa, estão presentes antes mesmo de encontrarem um caminho de expressão na dimensão de *K*. São, como destaca Vermote (2019), emoções brutas que possuem uma "essência absoluta" (p. 160), permeiam esta dimensão não sensorial. Quando essas vivências evoluem, *O* encontra *K*.

Em meu entendimento, o que Bion fez foi acrescentar uma nova dimensão da mente presente desde os primórdios do desenvolvimento do feto funcionando *pari passu* com outras dimensões, assim como um novo telescópio poderia revelar novas dimensões intergalácticas. Como acontece no espaço intergaláctico, estamos descobrindo novos espaços mentais que circulam e se estendem entre outras dimensões, como as descritas por Freud, Klein, entre outros. Penso que a compreensão de Bion da oscilação entre PS⇔D, os-D abriu o caminho para que pudesse iluminar esta área indiferenciada *O*, berçário de nossos pensamentos e sentimentos. Em *Transformações* encontramos várias dimensões coexistindo: consciente e inconsciente, pré-natal e pós-natal, dormindo e acordado, dimensões e vértices de observação das experiências, parte dessas ainda não expressas e que compõem o "sistema protomental".

Vermote (2019) diz:

> *Para Bion, esse campo, que ele também chamou de "matriz protomental", é uma zona onde soma e psique ainda não estão diferenciadas, porém onde existem constelações de pensamentos e sentimentos indiferenciados que coexistem e se deslocam. Esse ponto de vista é único. Essas constelações estão sempre presentes, mesmo antes de uma forma as conter. Apenas uma está expressa no momento. As outras estão latentes, em segundo plano. Bion distingue três dessas constelações primitivas ou organizações de campos: dependência, luta-fuga e acasalamento, que são estados emocionais da mente: suave, acolhedor, sustentável versus "perigo, ameaça, defesa, pensamento, ação" e sedução, jogo, criatividade, dupla. Tais estados podem ser poderosos, e Bion concebeu que as doenças emergiam desses campos não expressos. (p. 56)*

Essas ideias foram por Bion sendo ampliadas ao longo de sua obra.

> *O conceito de Bion de uma matriz indiferenciada energética e onde as sensações corporais e os fenômenos mentais são indivisíveis constitui o ponto de vista original da psicanálise. Seu conceito de elementos alfa fica próximo desse ponto de vista. Bion (1971) retornou ao conceito de matriz muito mais tarde, agora pensando em termos de uma camada inconsciente indiferenciada da qual surgem os pensamentos. Ele imaginou uma matriz alucinatória indiferenciada em cada pessoa com transições para pensamentos e sentimentos diferenciados e finitos. Isso se tornou central em seu modelo posteriormente. (p. 57)*

Essa ideia de uma dimensão não diferenciada de funcionamento psíquico, como discutida por Vermote, pode ser encontrada em outros autores: é a base do conceito de Balint da "Falha Básica" (p. 62).

A reação dos pacientes a essa dimensão oscila entre possibilidades de discriminação, diferenciação e indiferenciação, como discutirei adiante. Por outro lado, os filósofos e os religiosos também influenciaram Bion em seu desenvolvimento de transformações em *O*. Essa aproximação que Bion faz ao final de sua obra, entre a matriz alucinatória e *O*, o infinito informe do qual os pensamentos emergem, torna-se cada vez mais livre do caráter psicopatológico (Vermote, 2019, p. 168).

A mente primordial está entre essa matriz indiferenciada, *O*. Segundo Junqueira e Braga (2009), a dimensão da mente primordial compreende os "pensamentos sem dono", os "pensamentos sem pensador", assim como os sentimentos de sermos "sós e inteiramente dependentes", a consciência moral primitiva e o "*urge* para existir", "constitui manifestação identificada com uma mente primordial, enraizada no funcionamento cerebral e glandular pré-natal" (p. 3).

Um fragmento clínico: João, com mais de 10 anos de análise

O analisando caminha para o divã cambaleante. Sua expressão é triste e desvitalizada. Ao deitar-se, passados alguns minutos de silêncio, diz: "Tenho sonhado com tráfico de drogas novamente". Vê-se dentro de um carro, com outras pessoas. Fora do carro, parece haver uma perseguição policial. Diz: "Vejo injeção de cocaína entrando na veia, um revólver apontado para minha cabeça. Só o revólver, sem a mão. Vejo-me no banho, e o vidro do box se estilhaçando e me cortando com os cacos. Fico muito assustado".

São imagens que vê acordado. Silêncio.

Como analista, sofro o impacto de seu grito de desespero, e o associo ao quadro *O grito*, de Munch. É um grito surdo, abafado. Sua voz é baixa e pausada. Sinto-o desesperado e petrificado diante da visão de sua própria morte.

Há um silêncio denso e pesado na sala. Lembro-me da cabeça de Medusa, de seu pavor diante da visão da própria morte. Sinto-me absorta pela imagem e pelo clima de ameaça. Aguardo.

Passado um tempo, ele começa a falar de sua insatisfação com seu desempenho no trabalho. Fala do quanto se sente desanimado e passa a enumerar seus erros na empresa. Sente-se incompetente em relação a um colega do mesmo setor. Seus argumentos são violentos.

Converso sobre como ele faz autopropaganda negativa, assim como sobre a violência que desfere contra si mesmo diante das limitações que encontra, como se fossem sua culpa. Mostro-lhe o exagero e o excesso de exigências que o levam a um beco sem saída, de modo a encontrar solução na própria morte. Digo, ainda, que sinto que nesta hora ele também fica desanimado com a análise, com nosso trabalho, como se nada pudesse ajudá-lo. Digo: "tudo fica destruído".

Ele concorda e diz que "são tantos anos que isso volta e me joga no chão". Fala-me do medo que sente. Chora.

Sinto-me ali a seu lado, junto. Há um longo silêncio. Penso em seu desenvolvimento no trabalho. Penso ainda na família que está construindo. Aguardo. Não havia clima para mostrar-lhe suas construções naquele momento. Pareceu-me reasseguramento.

Passado um tempo, ele diz que havia conseguido criar um artifício para lidar com a falta da sessão na sexta-feira e mais o final de semana. E diz:

> *Eu fiquei com a ideia de que tudo o que havíamos conversado na quinta sobre eu poder guardar dentro de mim o que conversamos era como se você tivesse me dado uma chave para que guardasse para você até hoje. Então, quando eu sentia que estava começando a me desesperar, eu pensava: Calma, você tem que guardar a chave para ela. Funcionou até ontem à noite. Mas hoje eu acordei assim, desanimado.*

Conversamos sobre o seu desespero de não conseguir manter dentro de si a confiança em seus recursos. Sobre o quanto sentia insuportável manter-se distante de mim nos momentos em que essa violência irrompia dentro dele, e sentia-se destruído e atormentado pela culpa. Entretanto, sinalizava-me que não estava tudo destruído. Havia uma chave e, naquele momento, ele estava podendo confiar que podíamos resgatar juntos a chave, a confiança em sua capacidade de pensar e em nosso trabalho, a esperança.

Como resgatar o caminho que pudesse ajudá-lo a se apropriar de seus recursos? E por outro lado, poder conter esses conteúdos primordiais que irrompem em sua mente? São muitos os desdobramentos dessa nossa conversa e de tantas outras que trataram desses movimentos de destruição e reconstrução de seu mundo interno.

Dentro de um modelo multidimensional da mente, temos uma camada sua que trabalha dentro de uma dimensão de *K* (conhecimento), outra que opera em uníssono com o paciente, que Bion desenvolve como a dimensão do ser e tornar-se a realidade. Assim como também temos a dimensão da mente primordial. A questão que se coloca é como esses registros ganham vida, emergem na mente consciente/inconsciente. Conjecturo que a visão de João no banheiro seria um fragmento de sua mente embrionária, que atravessa o pensamento e irrompe de maneira violenta. A eclosão de estados mentais arcaicos, denominados por Bion (1997b) "estados inacessíveis da mente", estados embrionários acompanhados de terrores, de medos subtalâmicos. Há destruição e fragmentação. Ele se sente arrasado, devastado por algo que não consegue conter, modificar, e que o toma, o ameaça, causando extremo sofrimento psíquico. Em suas palavras: "são tantos anos que isso volta e me joga no chão".

Bem, diante do exposto, eu me pergunto: será que isso fica, de fato, inacessível com a cesura do nascimento? Não seriam estes fragmentos registros de "pensamentos", *Elementos β*, que ficaríamos inconscientemente *aware*? Ou seja, um conhecimento inconscientemente ligado a essa mentalidade arcaica, proveniente da matriz indiferenciada da mente em que fragmentos de pensamentos emergem e que ficariam acessíveis a partir de nossas vivências emocionais, quando esses pensamentos se extraviam ou evolvem O? E esses mesmos sentimentos e pensamentos irrompem na mente e são vividos como pensamentos terríficos? Poder pensar que essas experiências deixam impressões, marcas, parece-me algo plausível. Não me parece que com a cesura do nascimento esses registros ficariam inacessíveis e não seriam encontrados registrados em organizações mentais posteriores.

A palavra *aware*, como discute Brito (2002, p. 338), compreende a possibilidade de um conhecimento, de uma consciência inconsciente. "No dicionário Oxford (1999), dentre inúmeras definições para *aware*, encontramos o sentido *to have cognizance* (ter conhecimento), *to know* (conhecer)." E esse conhecimento pode ser inconsciente. Vejam o que Bion (1977a) também diz:

> *Eu preciso considerar o estado de mente peculiar no qual nos encontramos adormecidos ou, como nos acostumamos a dizer (inclusive por ter se tornado um lugar-comum no pensamento psicanalítico), quando estamos inconscientes, querendo dizer com isto estarmos em um estado no qual não estamos cônscios, ou estamos pouco, de nossos pensamentos e sentimentos. (p. 39, grifos nossos)*

Freud (1912, p. 330), falando sobre uma possível divisão da consciência de modo que alguns atos ou ideias tivessem "uma consciência separada que se tornou desligada e separada da massa de atividade psíquica consciente", acrescenta:

> *Se os filósofos encontram dificuldade em aceitar a existência de ideias inconscientes, a existência de uma consciência inconsciente parece-me ainda mais objetável. Os casos descritos como divisão* (splitting) *da consciência, como o do Dr. Azam, poderiam de preferência ser denominados de deslocamento da consciência — essa função — ou o que quer que seja — que oscila entre dois complexos psíquicos diferentes que se tornam conscientes e inconscientes alternadamente. (grifos nossos)*

Assim, destaco, em outro trabalho, uma aproximação entre os *Elementos β* e o inconsciente (2002):

> *Bem, penso que os Elementos β se aproximam de algo que tem uma "consciência inconsciente", algo que não é mental ainda, mas poderá vir a sê-lo, e algo que não é só físico propriamente. É consciente e inconsciente alternadamente. Utilizando-se da metáfora fotográfica proposta por Freud [...], penso que os elementos β seriam o negativo. É uma parte do que é inconsciente, mas o é concretizado; no entanto, como o negativo poderá ser revelado se trabalhado pela função alfa. (p. 346)*

Se podemos estar cientes inconscientemente de nossos pensamentos e sentimentos, estes podem irromper como memórias em sentimentos, *feelings*, que poderiam ser os vestígios catalizadores de pensamentos sem pensador e pensamentos selvagens. Tenho a impressão de que esta é a ponte entre a mente primordial e os desenvolvimentos posteriores à cesura do nascimento. Ou seja, a consciência inconsciente como a vara que pode pescar essas memórias em sentimentos, pensamentos selvagens, possibilitando a irrupção destes na mente ou ainda *Elementos* β que evoluem e adentram a dimensão de *K* e são transformados pela função α. O que me move nessa direção é a percepção da qualidade terrífica desses pensamentos, somada à percepção, pelo paciente, de ideias sentidas como um corpo estranho que ameaça, gera culpa, e que não consegue saber de onde vem.

Levantei algumas conjecturas. O que estaria surgindo na mente de João era indicativo da possibilidade de estarmos diante de um pensamento selvagem? Estaria o paciente assolado por estados primordiais de mente, inalcançáveis, e que não conseguia expressar simbolicamente? *Elementos* β que irrompem na mente, como objeto estranho. Um estado emocional assustador, vivido na fronteira entre corpo e mente, protopensamentos? Minha impressão é de que sim. Algo tão doloroso para o paciente e para mim é acompanhar a repetição desses estados com frequência em sua análise. A dolorosa vivência de que eles parecem não sofrer transformações.

O analista busca alcançar o estado de "atenção flutuante", como preconizava Freud. Bion desenvolveu esse conceito e recomendava trabalhar "sem memória, sem desejo, sem compreensão", ou seja, livre para viver suas experiências emocionais, bem como as identificações projetivas, que são projeções transmitidas pelo analisando, por meio de sua narrativa, ao analista, ou ainda, por meio de sua intuição estabelecer um contato direto com a realidade psíquica do paciente, de modo a alcançar elementos que lhe permitam uma interpretação. Todo esse material pode ser sonhado pelo analista, quando este evolui de *O* para *K*, ou ainda quando encontra desenvolvimento no campo de *K*.

O ponto fundamental é que todo este trabalho oscila entre as diversas dimensões, seja no campo de *K*, seja de *O* para *K*. O analista, utilizando-se de uma comunicação de inconsciente para inconsciente, passa a usá-lo como instrumento da análise. Desenvolve-se aqui a ideia do sonho como pensamento inconsciente e sua relação com a função α (Brito, 2004). Vale lembrar que para Bion a dimensão de *O* vai além do que é inconsciente (freudiano da repressão), aproxima-se do inconsciente originário de Freud. Entretanto, a dimensão de *O* engloba o que é, inconsciente e conscientemente, desconhecido. Quando o analista passa a ter acesso aos elementos que evoluem de *O* ou são desenvolvidos no campo de *K*, ele poderá sonhá-los.

O sonhar é, na psicanálise atual, uma das mais importantes funções da mente, como preconiza Ogden (1996, 2010). São inúmeros os analistas que vêm expandindo as ideias de Bion sobre o sonhar, o "não sonho" ou "sonho a dois". Entre nós, brasileiros: Cassorla (1991,2017,2021), Sapienza (2008), Rezze (2001), Hartke (2009) e Perrini (2017). Assim como os estrangeiros Ferro (1995; 1997), Symington (1986), Grotstein (2000), Meltzer (1987) e Zimerman (1999).

O analista poderá sonhar esse não sonho com seu analisando se estiver disponível para sonhá-lo em seu mundo mental. *O grito* (analogia à pintura do norueguês Edvard Munch) e a cabeça de Medusa (analogia ao quadro *Cabeça de Medusa*, de Caravaggio, pseudônimo de Michelangelo Merisi) emergem como um sonho na sessão e representam na mente da analista a experiência emocional de desespero e violência contida na fala do analisando, além de darem sustentação e ajuda no doloroso processo de transformação da experiência emocional em curso, um *Elemento* α para a mente da analista. A dificuldade é que este *Elemento*, que é β para a mente do paciente, encontre transformação, já que nem todo *Elemento* β pode ser transformado. Quando Bion aproxima o conceito de *Elementos* β da coisa em si, traz essa dimensão. Diz ele (1962, p. 6):

"Eu os chamarei de elementos β. Em contraste com os elementos α, os elementos β não são sentidos como fenômeno, mas coisas-em-si mesmas" (tradução nossa).[1]

O analista sonha esses pesadelos com o analisando. O pesadelo de sentir-se o próprio corvo comendo suas riquezas. É como diz um antigo provérbio espanhol: *Cría cuervos y te sacarán los ojos* (cria corvos e eles te arrancarão os olhos). O analisando representa, por meio de imagens fragmentadas, o violento ataque a si mesmo: injeção de cocaína, revólver na cabeça, estilhaço de vidro cortando o punho. São elementos brutos, primordiais e aterrorizantes.

Recentemente, tive contato com o interessante artigo de Maria G. Oldoini (2018), que utiliza o mesmo modelo do quadro de Munch, *O grito*, para falar desses estados de terror primordiais. Diz ela:

> *Existem estados de mente que talvez nem o analista tenha jamais vivenciado, estados que — como "memórias subterrâneas" [...] ou como "partes não vividas" [...] — habitam de maneira totalmente inconsciente as profundezas de seu inconsciente não reprimido, ou talvez estejam estacionados em uma matriz indiferenciada de sua mente, e que nem sua análise pessoal nem sua análise didática jamais conseguiram alcançar; estados extremos de mente que às vezes apenas o contato com os pacientes-Munch nos permite detectar, na espera de que possam ser transformados, tanto no analista quanto no paciente, por meio do trabalho onírico tecido no campo analítico. É o encontro com a verdade misteriosa e indescritível do "grito", inatingível em sua*

1 Entendo que Bion está usando aqui o conceito de fenômeno no sentido em que Kant o usa, ou seja, fenômeno é aquilo que pode ser apreendido pelos sentidos, em contraste com o númeno, ou coisa-em-si, cuja realidade última não pode ser apreendida.

> *essência, o encontro com o O negro e vazio representado pela boca do homem no centro do quadro de Munch, um grito mudo, sem voz, o abismo de um vazio inexprimível, pelo qual tanto o paciente quanto o analista talvez ainda não se permitiram passar. (p. 100)*

Estamos em área de terror, "de sofrimentos traumáticos impensáveis e resíduos de catástrofes mentais" (Sapienza, 2008, p. 3), de experiências que ainda não puderam ser sonhadas, que ainda não nasceram para a mente simbólica. Conjecturo que seriam estados primordiais, arcaicos, que emergem na mente consciente/inconsciente e estão à espera de alguém que possa sonhá-los para desenvolvimento de pensabilidade, "sonho-a-dois" (Ogden, 2004). Esse processo permitirá nos aproximarmos cada vez mais da pessoa que nós somos, à medida que alcançamos e vivenciamos na relação analítica estas vivências profundas da mente primordial.

Korbivcher (2009) faz importante correlação entre essas manifestações primordiais e as transformações não integradas e autísticas, fazendo, portanto, um acréscimo ao modelo de Bion. As transformações não integradas ocorreriam em um meio não integrado, de sensações corporais, impressões eivadas de terror e vulnerabilidades. Em sua descrição, apresenta material clínico em que o paciente vivencia ameaça de cair em um buraco negro, de escorrer pelo ralo, com vivências de perda da própria existência. Essas vivências, por ocorrerem em meio não integrado, não podem ser representadas psiquicamente, sendo vividas no corpo.

Por outro lado, nas transformações autísticas, por ocorrerem nesse meio, ou seja, em que não há relação de objeto, a pessoa fica presa em movimentos repetitivos ligados a objetos-sensação, formas autísticas duras que buscam ser continentes de angústias aterrorizantes pela ausência de relação e vínculo afetivo.

Voltando ao João, sinto que ele sofre, de verdade, uma dor terrível e insuportável. Há uma emoção em desenvolvimento que culmina na lembrança da chave que se perdeu e agora pôde ser encontrada, ou seja, ele reconhece e valoriza a importância da relação analítica, a força da experiência emocional com a analista, como a relação que o ajuda a conter na mente agonias impensáveis. Assim, amplia a possibilidade de contenção dessas experiências terroríficas.

O sonhar e o não ser capaz de sonhar estão na base do ser ou não ser. E essa é uma via de mão dupla. Essa profunda experiência só valerá a pena se promover crescimento mental para ambos, analista e analisando.

O ponto de virada está na possibilidade de a dupla analítica encontrar condições para viver as experiências emocionais, sonhá-las e, dessa forma, ligar os fragmentos dispersos, dar a estes existência e, quando possível, algum sentido. É nesse processo que a pessoa vai se tornando capaz de ser a pessoa que é, e isso exige a aceitação das várias dimensões de seu funcionamento mental, como poeticamente Bion (1992) aponta:

> *Penso que existe uma barreira, uma cesura, entre a espécie de animal que eu sou e aquela espécie de animal, e entre nós e nós mesmos. Até o ponto que a situação se refere a nós, torna-se difícil divisar qualquer padrão pelo fato de estarmos tão perto da multidão de nós mesmos. (p. 234)*

Sim, somos sós e somos muitos! A cesura, que discutiremos no próximo capítulo, traz uma profunda reflexão sobre a possibilidade de união e separação dos muitos de nós. Associo isso à música de Lulu Santos, *Tudo Azul*, que me parece abordar essa questão. Vejam este fragmento:

Tudo bem
Tudo zen
Meu bem
Tudo sem
Força e direção
Nós somos muitos
Não somos fracos
Somos sozinhos nesta multidão
Nós somos só um coração
Sangrando pelo sonho
De viver

3. A cesura

Como penetraríamos esse obstáculo,
esta cesura do nascimento?
Pode algum método de comunicação
ser suficientemente "penetrante"
para atravessar aquela cesura
na direção do pensamento consciente pós-natal
de volta para o pré-natal, no qual pensamentos e ideias
têm sua contraparte em "tempos" ou "níveis" de mente
onde eles não são pensamentos ou ideias?
Aquela penetração tem que ser eficiente
em ambas as direções.
(Wilfred Bion, 1977b, p. 4, tradução nossa)

A importância do conceito de cesura para a compreensão de toda esta área da experiência pré e pós-natal é central. Minha impressão é de que a *cesura* seria como um vínculo a iluminar toda essa área da mente inacessível e primordial, assim como da mente mais organizada consciente/inconsciente.

Refletindo sobre a cesura, lembrei-me da frase tão recorrente em Bion de que a "unidade do homem é o par, o casal". E pela primeira vez eu a associei ao conceito de cesura. Para mim, foi um *insight* precioso.

Em 1977b, Bion define cesura como um corte, uma pausa. Mas seria um corte no sentido de uma separação, um limite, ao mesmo tempo algo em movimento, permeável, que separa e une — marca uma divisão assim como uma continuidade. Esse é um paradoxo que pode iluminar nossa análise. Nas palavras de Bion: "Investigar a cesura; não o analista; não o analisando; não o inconsciente; não o consciente; não a sanidade; não a insanidade, mas a cesura, o vínculo, a sinapse, a (contra-trans)-ferência, o humor transitivo-intransitivo" (1977b, p. 56). Ou seja, o par, o casal.

Bion se movimenta e tem como modelo o par: dentro/fora, consciente/inconsciente, sanidade/insanidade. Investigaremos o vínculo, a sinapse, o par. "A unidade é o par". Quando Bion lança mão à pintura de Picasso para nos falar da cesura, ele diz:

> *Picasso pintou um quadro em um pedaço de vidro para que pudesse ser visto dos dois lados. Sugiro que a mesma coisa pode ser dita da cesura: depende de que lado você a olha, de que maneira você está viajando. Transtornos psicossomáticos ou soma-psicóticos — faça sua escolha — o quadro deve ser reconhecidamente o mesmo, quer você olhe para ele da posição psicossomática ou da posição soma-psicótica. (1976b, p. 234, tradução nossa)*

Estamos diante de uma conjectura, em que o próprio nome se estabelece como algo provável, mas que ganha vida nos pensamentos de Bion. Sua ideia é de que o feto evacua sentimentos desprazerosos, protopensamentos, no útero, como algo concreto do qual busca se livrar. Seria algo anterior à identificação projetiva, como o próprio Bion (1978) assinala: "O termo 'identificação projetiva' implica contato contínuo entre uma pessoa e outra. A evacuação não implica nisso" (p. 97).

Esses protopensamentos e sentimentos permaneceriam inacessíveis de todo um funcionamento presente na mente consciente/inconsciente. Entretanto, sua compreensão da cesura abre uma porta de visão para aquilo que vislumbrava presente e existente entre o pré e pós-natal. Bion, durante seminários em Nova York e em São Paulo (1992), disse:

> *Em outras palavras, há uma continuidade entre o feto a termo e a criança, ainda que a continuidade seja mantida como quebrada por aquilo que aparenta ser uma sinapse, ou diafragma, ou tela, de tal modo que o pensamento primordial do feto é projetado nesta cesura, e se reflete, partindo da criança para seus níveis primordiais de pensamentos e sentimentos. Através desta membrana permeável, existe um contato em ambas as direções; uma cesura é um espelho transparente. (p. 216)*

O que Bion indica é que algo do soma, dos "pensamentos" primordiais, pode emergir na mente consciente/inconsciente, levando à enorme turbulência emocional, assim como:

> *[...] o pensamento da criança ou nenê pode afetar estes níveis primitivos do comportamento. Isso difere do estado de coisas que existe no crescimento embriológico daquilo que, tempos depois, poderíamos esperar que fosse sua mente. (Bion, 1992, p. 216)*

O que Bion aqui chama a atenção, assim entendo, é que um bebê ou uma criança pode estar tendo um desenvolvimento satisfatório, bem adaptado, de aprendizado e desenvolvimento; entretanto, por razões misteriosas, em momentos de turbulência emocional, como na adolescência, talvez "comecem a aparecer espécies peculiares de comportamentos", "desordens psicossomáticas, ou somato-psicóticas — faça sua escolha".

Como bem aponta Renato Trachtenberg (2012):

> *A cesura é uma ponte, uma fronteira que separa e une ao mesmo tempo. É o que ocorre entre, na passagem, na (inter)conexão, no Eu(-)Tu de Martin Buber. O que importa é a relação e não os elementos relacionados. (p. 6-7)*

Segundo Bion (2000), citando Martin Buber: "Uma palavra básica é o par de palavras Eu-Tu [...]. Esse é diferente da palavra básica Eu-Isto". O que tem significado, quando alguém fala sobre "Eu-Tu", não são os dois objetos relacionados, mas a relação — ou seja, uma realidade em aberto, na qual não existe término.

Essa realidade em aberto, uma fronteira fluida entre experiências vividas pelo bebê intraútero por meio da cesura, pode iluminar toda essa área da mente inacessível e primordial, assim como a da mente mais organizada consciente/inconsciente. Mais do que isso! Ela nos governaria, dependendo de nossas possibilidades ou não de tolerá-la. Sandler (2005) nos chama a atenção quando diz: "A cesura procede à cisão quando não é tolerada" (p. 101).

Em *On quotation from Freud*, sobre se "haveria mais continuidade entre a vida intrauterina e a impressionante cesura do ato do nascimento que nos faria acreditar", Bion se indaga: "como se fosse a cesura que nos regesse" (1976b, p. 234).

Se a cesura nos governa, ela impõe a necessidade de lidarmos com esse paradoxo, a possibilidade de que traços ou vestígios dessas experiências vividas pelo bebê possam ter continuidade em nossa vida somatopsíquica, seja ela do soma para o psíquico ou do psíquico para o soma.

Como bem destaca Grotstein (2010):

> *Bion, desse modo, expande a importância da cesura desde a concretude de sua função como uma fronteira entre a existência pré-natal e pós-natal, para ela ser um modelo, semelhante à barreira de contato, entre as incontáveis "cascas de cebola" ou camadas de nosso ser, de nossos estados mentais variados. Os sintomas se originam no self "pré-natal" (inconsciente) e irrompem através da membrana para virem a ser apreendidos pelo self pós--natal (consciente). (p. 259)*

Uma "membrana permeável" como a barreira de contato de Bion (1962), seletiva, que separa consciente e inconsciente, um vínculo que estabelece conexões e expansões. Quando lança mão das diversas camadas de uma cebola, ele nos oferece um modelo para pensarmos as diversas dimensões da mente, operando interconectadas pela cesura. Isso traz uma enorme ampliação teórico-técnica.

Em recente estímulo apresentado no grupo de estudos "Conversas Psicanalíticas" (Brito, no prelo b), coordenado por Antônio Carlos Eva, na Sociedade Brasileira de Psicanálise de São Paulo, abordei algumas ideias sobre o par experiência emocional/intuição, em que destaco a importância do conceito de cesura para pensarmos nos movimentos de dupla flecha entre ambos e na ampliação de nossas observações no campo analítico. Pontuo a seguir alguns pontos.

O conceito de cesura abre o campo de observação da realização/não realização e nos possibilita vislumbrar novas áreas. Entendo a ideia de cesura como uma ponte (Trachtenberg, 2012), em que Bion introduz um elemento de continuidade, de permeabilidade entre os meios. Como aponta Chuster, o modelo espectral traz infinitudes...

Se pensarmos que na realização (experiência emocional) há um espaço de não realização, esta poderá ser alcançada pela intuição. Essa ideia de cesura e de um movimento de dupla flecha entre experiência emocional e intuição traz a impressão de uma possibilidade de integrarmos diferentes modos de nos aproximarmos, seja da dimensão do conhecer ou do ser. Minha impressão é que ambos os polos do par são muito importantes em nosso trabalho clínico e teórico.

Passamos agora a refletir sobre os pensamentos sem dono, selvagens e sem pensador que compreendem parte da dimensão da mente primordial.

4. Os pensamentos sem pensador e os pensamentos selvagens

Não se pode ignorar algo só por ser desconhecido, nem por já ter sido descoberto.
(Wilfred Bion, 2016, p. 69)

Quem primeiramente formulou a ideia de "pensamentos sem pensador" foi, como destacou Sandler (2005), René Descartes em *Discurso do método*; entretanto, o fez para contrapor a sua existência. Buscou provar, apoiado na lógica cartesiana, formal e da razão pura, o absurdo de se pensar na existência de pensamentos que precederiam o pensador. Ainda segundo Sandler: "A crítica à razão pura de Descartes precisaria aguardar mais de um século para ser feita por Immanuel Kant" (p. 368).[1]

1 Acréscimo à edição brasileira.

Kant restabeleceu a ideia da existência do que chamou de númeno, coisa-em-si, incognoscível, mas existente. Bion, por sua vez, na "Uma Teoria do Pensar" (capítulo de *No entanto... pensando melhor*, 2022), aproxima-se desta ideia e propõe que os pensamentos precedem o pensador, e que são os pensamentos que pressionam e contribuem para a formação de um aparelho para pensá-los. Algo inédito! Costumávamos pensar que o aparelho para pensar é que produzia os pensamentos, e não o contrário. Em *Professores para quê?* (Gusdorf, 1995) encontramos a ideia de que o conhecimento preexiste e ficaria perdido, "esquecido".

Penso que o conceito de preconcepção em Bion dá morada a esta ideia: nascemos com a preconcepção, ou seja, um estado de expectação de que há um seio, um casal, assim como um *self*. A ideia é a de que, com a experiência, nós teríamos uma realização dessa preconcepção. Pegando como exemplo a preconcepção do seio, o bebê tem a expectativa de encontrar um seio que possa nutri-lo, e a realização se dá no encontro da preconcepção com a experiência de amamentação — o conhecimento do seio. Posteriormente, a vivência de ausência do seio, a possibilidade de tolerância ao seio ausente, permite a criação do pensamento. O pensamento se dá, segundo Bion, no encontro da preconcepção com a realização negativa, ou seja, com a frustração-ausência do seio. Portanto, a preconcepção pode ser esse pensamento sem pensador, um germe embrionário, que precisa ser acolhido pela experiência, para ganhar existência para a mente daquele pensador.

A epígrafe contém o clima de abertura necessária para a importância de estarmos receptivos a olhar e receber o que se apresenta à nossa intuição, algo por Bion sempre tão destacado: o de trabalharmos com opacidade de desejo, memória e necessidade de compreensão (2006). Essa postura nos permite estar abertos ao novo, ao desconhecido que se descortina a cada encontro e nos permite, na escuridão, encontrar alguma luz. A análise torna-se um campo de investigação para acolher vestígios de algo desconhecido, angustiante. Uma preparação para que se fique aberto a entrar em contato com algo que se revela. É uma qualidade dolorosa saber abrir mão do conhecimento, dos sentidos.

Bion propõe que o analista possa trabalhar em um estado de fé. Em suas palavras: "Por meio de *F* pode-se 'ver', 'ouvir' e 'sentir' os fenômenos mentais; nenhum psicanalista praticante tem qualquer dúvida sobre a realidade destes fenômenos, embora não possa representá-los de modo acurado por meio das formulações existentes" (2006 [1970], p. 69).

Em *Transformações*, Bion (2004 [1965]) usa o modelo das três noites de trevas de São João da Cruz para falar sobre alcançar o estado mental que promove transformação em *O*.[2] e diz:

> *A primeira (noite da alma) tem a ver com o ponto a partir do qual a alma parte, pois ela tem que se privar gradualmente de desejo de todas as coisas terrenas que possuía, negando-as para si: negação e privação que são, por assim dizer, noite para todos os sentidos humanos. A segunda razão tem a ver com o meio, ou o caminho ao longo do qual a alma precisa viajar para esta união — ou seja, fé, que, para o entendimento, também é tão escura quanto a noite. A terceira tem a ver com o ponto para o qual viaja a alma — ou seja, Deus, que, igualmente, é noite de trevas para a alma nesta vida. (São João da Cruz, 2002 citado em Bion, 2004 [1965], p. 173)*

Em São João da Cruz, encontramos o seguinte trecho:

---

2 O *O* para Bion é o incognoscível, nunca é alcançado, mas do qual podemos nos aproximar.

> *Para compreensão, vamos explicar com clareza cada uma dessas noites; observamos, porém, que as três são uma só noite dividida em três partes. A primeira noite — a dos sentidos — pode ser comparada ao crepúsculo: momento em que já não mais se distinguem os objetos entre si. A segunda noite — a da fé — assemelha-se à meia-noite, quando a obscuridade é total. A terceira, finalmente, comparada ao fim da noite, e que dissemos ser o próprio Deus, precede imediatamente da luz do dia. (São João da Cruz, 2002)*

Alcançar esse estado de *fé* envolve dor e, portanto, resistências. A noite de trevas dos sentidos envolve do medo à ignorância. Permanecer nesse estado de *fé* é permanecer no escuro, abertos e receptivos ao que vai evoluir na experiência, postura que favorece o emergir de um pensamento sem pensador ou pensamento selvagem em busca de uma morada, ou seja, um continente que lhe dê existência.

Segundo Bion (1977a), um pensamento sem pensador pode ser um "pensamento sem dono", perdido, com ou sem endereço do proprietário, ou ainda selvagem. Sim, selvagem pela impossibilidade de traçarmos uma genealogia, de onde vem e o que significa; eles emergem sem pedir licença e nos impactam, ameaçando quem os recebe. São pensamentos vindos de tempos remotos, de experiências "adormecidas" e enterradas em nosso desenvolvimento filogenético e ontogenético. Esses pensamentos podem surgir em sonhos, estejamos adormecidos ou acordados, e dessa forma nos tomar, e por meio de nossa intuição serem fisgados e conseguirem despertar nossa atenção.

Portanto, Bion estabelece uma diferença entre os pensamentos sem pensador e os pensamentos selvagens. Os pensamentos sem pensador podem ter uma origem e um proprietário, ao passo que sobre os pensamentos selvagens não pode ser traçada uma genealogia (López-Corvo, 2003, p. 309). Segundo ele: "Um bom exemplo poderiam ser os pensamentos oníricos, ou 'pensamentos intrauterinos', talvez ligados ao conceito kantiano da coisa-em-si ou númeno".

Se os pensamentos forem selvagens, eles devem ser domesticados. A questão é a de desenvolvermos instrumentos técnicos para captá-los, "ouvirmos" sua voz. Segundo Bion (1977a):

> *Os embriologistas dizem que podemos detectar restos de uma cauda vestigial, fendas branquiais etc., parecendo apontar para uma origem piscea de um tipo muito primitivo, do qual nós humanos nos afastamos. Mas, se este é o caso fisicamente, acho que o mesmo possa ter ocorrido mentalmente: podem ainda existir traços na mente ou personalidade ou temperamento, no presente, de partículas que possuem uma longa história, de coisas que esperaríamos serem fundamentais, básicas, primordiais. (p. 53)*

E continua:

> *Será que algumas destas "partículas sobreviventes" podem ser evidenciadas naquilo que se pode observar agora na fala humana da pessoa com quem estamos falando, bem como em nós mesmos que produzimos a fala? Esta me parece ser uma das descobertas fundamentais da psicanálise: estados mentais arcaicos, pensamentos e ideias arcaicas, padrões primitivos de comportamento, tudo isto pode ser detectável em pessoas mais civilizadas e cultas, já que, em pessoas mais primitivas, é de se esperar que estejam menos camufladas. (p. 53)*

Se temos "partículas sobreviventes" de nosso desenvolvimento arcaico, esses elementos, "estados de mente ou partes arcaicas de nossa constituição física", podem ser detectáveis no presente.

Estamos em um terreno investigativo, que o próprio Bion identificou como *imaginative conjectures*. Podemos supor que esse é o ponto evocado por Bion no trecho de *Attention and interpretation* (2006[1970]): "*O* não incide no domínio do conhecimento ou do aprendizado, *a não ser incidentalmente*" (p. 41, grifos nossos).

Com esta conjectura, os pensamentos existem como uma dimensão própria da realidade, e a intuição se dá como a experiência última do contato direto do pensador com a dimensão da realidade não apreensível pelo sensorial.

No caso presente, corresponderia à evolução de um fragmento da realidade última que se intersecta com o saber (*O-K*). Algo que existe na dimensão da realidade inalcançável (*O*) e que se impõe na mente do pensador como algo estranho, selvagem, muitas vezes assustador, exigindo grande confiança do pensador para acolher esse estranho e, mais do que isso, suportá-lo e dar-lhe vida. Uma *intuição sem conceito* que se impõe na mente, exigindo o trabalho mental de elaborar uma conjectura imaginativa para o pensamento intuído e, talvez, capacitar o pensador a elevá-lo à condição de conjectura racional.

Trecho da Supervisão D4

> *[Nesse ponto o gravador foi desligado por um segundo, depois ouvimos a voz de uma mulher dizendo:*
>
> *P1: ...memória e... memória...*

> *P2: Intuição!*
>
> *P1: Intuição, e o que o senhor pensa a respeito do pensamento sem pensador?]*
>
> *Bion: Levando em consideração, primeiramente, essa última questão, eu sugeriria que imaginemos que quando um número de pessoas se reúne como aqui, há pensamentos perdidos flutuando por todos os lados, tentando encontrar uma mente na qual se desenvolver. Portanto, o problema do ponto de vista de cada indivíduo — cada um de nós — é: nós podemos pegar um desses pensamentos selvagens sem sermos muito particulares a respeito de sua raça ou de sua categoria? Sejam eles memórias ou intuições! Mas apenas agarre um desses pensamentos selvagens, não importa o quão estranho, ou selvagem ou amigável ele seja. Dê-lhe um lar e, então, permita que ele escape de seus pulmões, em outras palavras: dê um nascimento a ele. De forma que aqui não importa o quão selvagem a ideia seja.*

Em *Conversando com Bion* (1992), podemos acompanhar essa ideia com mais detalhes. Um participante indaga:

> *P: Qual é a relação entre memória e intuição, de um lado, e seu conceito de pensamentos sem pensador, de outro?*
>
> *Bion: Tomando o primeiro ponto: imaginemos que, quando um certo número de pessoas se junta, como aqui, ocorrem pensamentos ao léu, flutuando por aí, tentando encontrar uma mente para se alojar. Será que nós, enquanto indivíduos, poderíamos apanhar um destes pensamentos selvagens sem ser muito específicos sobre a que raça ou categoria eles pertencem, seja ele uma memó-*

> *ria ou uma intuição, seja ele quão estranho ou selvagem possa ser, e dar-lhe um lar e só aí então permitir-lhe que se nos escape da boca — em outros termos, fazê-lo nascer? Colocando em outros termos, será que podemos apanhar o gérmen de uma ideia e plantá-lo onde possa começar a se desenvolver até que a ideia esteja suficientemente madura para nascer? Não somos obrigados a expelir imediatamente o pensamento selvagem ou o gérmen de uma ideia, até que achemos que poderia ser viável caso fosse feita pública. Quando fazemos pública, podemos dar uma olhada nela e decidir se a chamamos de memória, intuição, predição, afirmação profética, ou mesmo um gérmen doente. (p. 181-182)*

Dar-lhe um "lar" é, no meu entender, domesticá-lo, é lhe oferecer uma morada, um continente para que o pensamento possa existir. É tornar finito parte do "infinito obscuro e sem forma". Os pensamentos sem pensador e os pensamentos selvagens fazendo parte desse infinito podem ser representados, tornarem-se, em parte, finitos. Pensamentos sem um pensador passam a ter um pensador que os acolha, viva junto — na experiência emocional presente — o impacto dessa acolhida.

Mas por que não um pensador para pensá-los? Pergunta importante esta e que nos coloca diante da observação de Bion: um pensamento verdadeiro não precisa de um pensador. A mentira precisa de um pensador para pensá-la. Vejam o que diz Bion (2006 [1970], p. 112):

> *Ninguém precisa pensar o pensamento verdadeiro: ele aguarda o advento do pensador, que adquire importância através do pensamento verdadeiro. A mentira*

> *e o pensador são inseparáveis. O pensador não tem a menor consequência para a verdade, mas a verdade é logicamente necessária ao pensador. A importância do pensador depende de ele pensar ou não o pensamento, mas o pensamento permanece inalterado.*

E continua: "Em contraste, a mentira passa a existir em virtude da prioridade epistemológica do pensador. Os únicos pensamentos para os quais o pensador é absolutamente necessário são mentiras" (p. 112).

O aspecto importante, e que Bion destaca, para que uma ideia evolua ou um gérmen ganhe existência, possa nascer como um pensamento selvagem ou sem pensador, requer a existência de uma relação. A mentira pode ser gerada pela mente de um pensador. Um pensamento selvagem ou sem pensador ganha existência dentro de uma relação, evolui na experiência emocional do par analítico.

Assim como o bebê precisa comunicar sua fome ou sua solidão, nós precisamos de relações, de alguém, ou de redes de relações, com quem possamos nos comunicar. Nas palavras de Bion: uma "rede na qual eu possa capturar quaisquer pensamentos que estejam disponíveis" (1977a, p. 43).

No sentir de Braga (2018): "a comunicação, com qualidade psicanalítica, de um pensamento selvagem não acontece durante a sessão em que este ocorre, mas sim que isto ocorre em um segundo tempo, indefinível, já com a elaboração no campo simbólico do pensamento inicialmente capturado" (p. 7).

Ou seja, um pensamento que vai evoluindo, sendo gestado e podendo habilitar a pessoa que o vivencia à contenção de sua existência. É um processo que se dá pela vivência, pela experiência, e não pela informação.

Minha impressão é que Bion nos convida, como os saqueadores das tumbas no cemitério de Ur, a sermos curiosos acerca daquilo que possamos ouvir, intuir, na experiência íntima e profunda com nossos pacientes, a encontrarmos "uma centelha de sabedoria que pudesse ser soprada transformando-se numa chama" (1977a, p. 51-52).

Passemos agora à reflexão dos sentimentos de sermos sós e dependentes, parte da dimensão da mente primordial.

5. Sentimentos de ser só e ao mesmo tempo dependente

Este sentimento de ser dependente e, ao mesmo tempo, de se sentir inteiramente só, ou seja, de se ter um sentimento de *incompletude* básico, fundamental, é citado por Bion em inúmeras supervisões. Ele o define em *A key to memoir of the future*:

> *Dependência e sentir-se inteiramente só são ambos estados de mente desagradáveis. Mesmo o bebê parece ter consciência de estar só e dependente da assistência de alguma coisa que não é o seu self. A percepção precoce [early awareness] desses sentimentos é ligada à vulnerabilidade e à crueldade. O emergir junto destas manifestações sugere a presença de características básicas. O problema do analista é intuir a época e a qualidade do que está observando. (p. 25, grifos e tradução nossa)*

Bion fala em *percepção precoce*, conjectura a possibilidade de o bebê ainda no útero ter vislumbres de uma consciência que o colocaria em contato com algo violento e cruel. Solidão, vulnerabilidade... O bebê experimentando uma percepção... Primórdios de sentimentos...

Essa vivência desperta angústias profundas, agonias impensáveis, e os pacientes muitas vezes buscam interromper a análise para não vivenciá-las. Outras vezes, ainda, buscam diminuir a duração da sessão para evitar esse contato. Lançarei mão de alguns fragmentos de sessão com Alexandra para pensarmos a manifestação dessas vivências na sala de análise.

Um pouquinho de Alexandra...

Com duas interrupções pequenas, Alexandra está em análise comigo há dez anos. Seu sentimento de paralisia foi desde o início motivo de sua procura por análise. A personagem Biela, do livro *Uma vida em segredo*, do autor Autran Dourado (1964), recorrentemente retrata suas angústias quanto a ficar aprisionada.

O livro conta a vida de Biela: uma moça criada pelo pai numa fazenda, no sertão de Minas Gerais, junto aos serviçais. Moça muito simples e reservada, com a morte do pai foi morar na casa de um primo e sua família, que a receberam. Constança, esposa do primo, faz de tudo para adequar Biela à vida em sociedade. Faz-lhe vestidos com tecidos caros, ensina bons modos à moça. Inclusive estimula um casamento que não se realiza, pois o noivo foge pouco antes do casamento. Biela, diante dessa desilusão, abandona de vez o desejo de se adaptar. Na verdade, não consegue acostumar-se àquela vida e com o tempo vai se restringindo ainda mais ao mundo que cria, junto aos serviçais de outras casas. Embora com posses, trabalha fazendo serviços domésticos para outras famílias. Guarda seu dinheiro em potes que esconde debaixo da cama. Sua vida é simples e restrita, não consegue utilizar o dinheiro que ganha e muito menos a fortuna que herdou do pai. Até que adota um cachorro sarnento que chamou de Vismundo — que trouxe para sua vida a face alegre e algum sentido no mundo. O cão permitia que ela visse o mundo com leveza e alegria, mas essa era uma vivência muito íntima que mantinha em segredo.

Buscarei dialogar com Biela e Alexandra.

Primeiro fragmento

Alexandra deita-se e, passado um tempo, diz: "Acho que não tenho nada para falar hoje. Estou sem assunto."

A: "Hum… Sei…"

Alexandra: "Você não acredita, né?"

Fico em silêncio.

Alexandra: "Estou pensando em parar a análise. Continuo com essas ideias."

Lembro-me de Biela neste momento e digo: "E ficar parada com os pés pregados no chão? Paralisada?"

Alexandra: "Estou um pouco desestimulada com a análise. Parece que estamos tocando a análise, e não tenho sentido que estamos mais produzindo."

A: "Compreendo. Então nós estamos paralisadas?"

Alexandra: "Sinto-me constrangida em falar isso. Fico pensando que eu tenho responsabilidade nisso. Acho que não estou trazendo as coisas de modo a colaborar mais com você. Também me parece que você está um pouco distante de mim."

A: "O que isso te sugere? Como me sente assim distante?"

Alexandra: "Parece que tem estado mais quieta, triste. É engraçado, mas eu também me sinto assim, mais quieta e triste. Foi muito difícil ter cancelado minha participação naquele evento. Não estou conseguindo escrever o trabalho. Tenho a sensação de que o tempo passou. Já não é mais para mim. Eu deveria estar fazendo coisas mais apropriadas a uma pessoa da minha idade, e deixar esses sonhos de crescimento profissional e pessoal."

A: "Então, você fica assustada e triste. Teme que se nós não produzirmos na análise você também ficará impossibilitada de realizar esse sonho: a experiência de se sentir fértil e produtiva. E você parece ligar essa possibilidade a conseguirmos estar juntas, conectadas."

Alexandra: "Sim, é verdade. Após um silêncio, diz: "Parece que eu não posso ter um lugar de destaque. Não posso aparecer. Você se lembra de que quando cheguei para morar na casa de minha tia com 9 anos, logo no início minhas notas foram maiores que as de meu primo? Minha tia não se conformava: como eu vindo da roça poderia tirar aquelas notas!? Sentia-me tão constrangida e envergonhada que não conseguia falar nada. Só chorava."

A: "Sim, mas agora é você mesma que insiste em não acreditar em si, em não acreditar em nosso trabalho, em não se apropriar de seu enorme desenvolvimento. Fica empobrecida, acuada e com medo."

Alexandra: "Sinto muito medo mesmo. Em outros momentos, sinto-me animada. Acho que posso fazer um bom trabalho... Estou aqui me lembrando de como foi importante ter conseguido fazer o projeto do trabalho. O quanto isso clareou para mim os caminhos que deveria tomar para não me perder e ficar confusa."

A: "Parece que agora você está podendo se sentir conectada novamente a si e se sentindo capaz. É bacana isso!"

Alexandra: "Bacana é sentir você perto de mim."

Longo silêncio.

Alexandra: "Estava sentindo que estávamos ligadas por um fio longo... Eu não me desliguei de você, mas estávamos distantes. Agora estou sentindo você mais perto de mim."

Longo silêncio.

A: "Então, bacana é estarmos juntas?"

Alexandra: "É isso mesmo!"

Segundo fragmento

Alexandra esqueceu a chave. Passados uns 5 minutos, bateu à porta de saída. Lamentou não ter batido antes e ter perdido um pedaço da sessão. Ao deitar-se, comenta que havia sonhado comigo quase a noite toda.

Alexandra: "Uma sonharada! Eu sonhei que estávamos em uma casa e eu estava te ajudando a cuidar de seu filho mais novo. Meu filho mais novo também estava junto. Cuidávamos juntas. Daí depois parecia que estava em outra casa e queria te avisar que não poderia vir à sessão, mas não conseguia falar com você. Então eu ligava na sua casa e falava com uma de suas empregadas para que te avisassem. Parecia que tinham um telefone que falavam diretamente com você e que eu não tinha acesso. Meu sentimento no sonho era que as empregadas tinham mais acesso a você do que eu."

"Esse sonho me fez pensar numa conversa que escutei de você com seu filho semana passada. Parece que ele esqueceu um trabalho no seu carro e você falava para ele que havia deixado na portaria e não poderia continuar falando, pois tinha paciente aguardando na sala de espera. E você, ao falar com ele, chamou-o de amor duas vezes."

"Eu fiquei pensando, nossa, *paciente na sala de espera!* (Fala com um tom de deboche). Ela nem falou *a* paciente. Se ainda tivesse usado um artigo antes de paciente. Senti-me 'uma qualquer' na sala de espera: *paciente!* (mesmo tom)." Rimos juntas.

A: "Embora em muitos momentos você possa sentir que estou junto de você, próxima, em outros momentos isso não é possível. Não há como escaparmos de ter que nos sentir de fora, excluídos. Essa é uma dor que não podemos evitar, ainda que você tenha um lugar muito especial dentro de mim."

Alexandra: "Seria muito bom sentir que também sou seu amor (sorri meio sem graça)."

Silêncio...

A: "Sim, compreendo, mas isso não evitaria o sentimento de se sentir só e dependente, assim como excluída." Lembro-me nessa hora de uma música de Gilberto Gil, "Eu preciso aprender a só ser" (1973). Internamente rememoro a letra:

> *Sabe, gente*
> *É tanta coisa pra gente saber*
> *[...]*
> *Sabe, gente*
> *É tanta coisa, que eu fico sem jeito*
> *Sou eu sozinha e esse nó no peito*
> *Já desfeito em lágrimas*
> *[...]*
> *Quando escutar um samba-canção assim como:*
> *Eu preciso aprender a ser só*
> *Reagir e ouvir o coração responder*

Eu preciso aprender a só ser
Sabe, gente
É tanta coisa que eu nem quero saber.

Envolvida com minhas impressões e lembrança da música digo a ela: "Estava aqui pensando que há tanta coisa para a gente saber, para a gente aprender, mas há coisas que não podem ser aprendidas. Elas precisam ser vivenciadas, sentidas. Há uma música do Gil que fala um pouco disso: de aprendermos a ser sós, mas mais do que isso, de aprendermos a só ser."

Alexandra: "Você me emocionou agora."

Terceiro fragmento:

Ao cumprimentá-la, percebo que ela não está bem. Caminha para o divã e me explica que seu atraso se deveu ao trânsito enorme e que não havia lembrado que, quando vem para a análise direto de sua casa, leva mais tempo do que do trabalho.

Conta-me que não ficou satisfeita com o texto que havia feito e não sabia se conseguiria arrumá-lo até o prazo definido, cerca de uma semana. Diz que no caminho para a análise veio pensando em como não foi uma boa mãe para os seus filhos. Que havia errado tanto com o Y como com o D. Cita algumas dificuldades de um dos filhos (que omito por segurança). Chora bastante e diz:

Alexandra: "Ajude-me, Gisèle, eu não sei, por que estou assim? Eu sinto uma culpa..."

Passado um tempo diz que não conseguia terminar nada que fazia, não conseguia fazer nada bem-feito. Lembra-se nesta hora de uma reportagem que lera sobre uma gangue de garotas que se organizaram para roubar e usar drogas, e que uma delas deu um tiro no pé e quase morreu, pois perdeu muito sangue. Por outro lado, leu sobre umas meninas de uma classe social também muito baixa que se uniram para treinar e participar de jogos em vários esportes em uma competição.

Alexandra: "Veja bem, Gisèle, que diferença!"

Digo a ela que me fazia ver como sofria com essa gangue dentro dela que saía destruindo tudo e fazendo-a se sentir incompetente, má mãe, sem recursos, sem nada e correndo risco de esvair-se. Por outro lado, também me mostrava que havia inúmeros recursos que se uniam, como no grupo das meninas que se juntaram para treinar, e que essas eram realidades que sentia igualmente presentes. E digo ainda: "Posso compreender o quanto é difícil e doloroso transitar por essas vivências e tolerá-las sem precisar se destruir."

Alexandra: "É muito difícil, Gisèle. Eu não vou conseguir. Eu não tenho cura, Gisèle. Vou ser sempre Biela."

A: "Pois é, me chama a atenção que quando você está mais produtiva e realizando tantas aspirações esse sentimento violento e destrutivo emerja com tanta força e te faça quase acreditar que não tem valor algum. É, mas você vem e traz tudo isso para pensarmos juntas. Lembrei-me do Vismundo. Ele ofereceu à Biela a oportunidade de outra visão do mundo. Tenho a impressão de que apesar da dor, do sofrimento e da consciência de que talvez não possamos mudar tudo, quem sabe uma nova visão possa te ajudar a suportar essas vivências destrutivas."

Alexandra balança a cabeça positivamente.

6. Algumas considerações à discussão dos fragmentos clínicos

> *A necessidade não é de uma base para a Psicanálise e suas teorias, mas sim uma ciência que não esteja restrita pela sua origem no conhecimento e "base" sensorial. Ela precisa ser uma ciência de "estar-uno-a".*
> (Wilfred Bion, 2006 [1970], p. 99, grifos nossos)

Braga (2011), em belíssimo trabalho, chama a atenção para que as *experiências emocionais podem servir de fio condutor nos labirintos da mente multidimensional*. Ou seja, por meio do contato com a experiência emocional, o analista poderá, utilizando-se dela, adentrar o labirinto da mente multidimensional, que compreende: o sensorial, o conhecer e o não conhecer, a alucinose, o ser ou o tornar-se a realidade, os pensamentos sem pensador, a mente primordial e o ser só e ao mesmo tempo dependente.

Assim diz Braga (2011):

> *A cada momento, estas dimensões estão todas presentes e "sintonizar" uma ou outra é questão de suas próprias intensidades e do observador dispor de uma mente disciplinada para tal tarefa. É um modelo de mente ainda incipiente, talvez como as cartas náuticas desenhadas pelos primeiros circunavegadores: nelas distinguimos os grandes continentes e tentamos mapeá-los com recursos ainda precários. (p. 7)*

Os recursos de que o analista dispõe são principalmente sua intuição e sua condição para acolher suas impressões (*impressions*) e o que Bion chamou de *feelings* (nossa apreensão de experiências emocionais), além de permitir que essas evoluam para formular uma interpretação ou indagação.

Minha impressão é a de que Alexandra oscila entre essas diversas dimensões. Sinto que busca em mim um contato vivo, intenso e profundo. Ressente-se quando percebe qualquer afastamento de minha parte. Reage sofridamente, muito embora responda com sonhos e associações ao nosso trabalho. Sinto que há uma tomada de consciência de elementos que consegue conectar, representar, e, nesse sentido, percebo que conseguimos construir elementos inconscientes; entretanto, em outros momentos vivenciamos novas fragmentações.

No primeiro fragmento, após apontar que ela insistia em não acreditar em si e em nosso trabalho, e que não se apropriava de seu enorme desenvolvimento, ela passa a reconhecer. O que foi questionado e demonstrado foi o mito pessoal de Alexandra de que não tem recursos. A partir desse momento na sessão, ela diz: "Sinto muito medo mesmo. Em outros momentos sinto-me animada. Acho que posso fazer um bom trabalho". "Estou aqui me lembrando de como foi importante ter conseguido fazer o projeto do trabalho. O quanto isso clareou para mim os caminhos que deveria tomar para não me perder e ficar confusa".

Quando chamo sua atenção para o fato de que me parecia que havia podido se conectar a ela mesma e ter retomado o sentimento de capacidade, ela diz: "Bacana é sentir você perto de mim".

Sua entrega é intensa e apaixonada e busca minha mente, minha presença viva, próxima. Busca conectar-se a mim. Como propõe Bion: *paixão evidencia que duas mentes estão vinculadas* (2004a [1963], p. 28). Alexandra não evita "o impacto com a beleza do mundo" (Meltzer, 1995, p. 52); pelo contrário, ela se dispõe a sofrer seus sentimentos. Ela não apenas sente a dor, ela sofre a dor (Bion, 2006 [1970]) e, por um lado, aprende com o sofrimento. Expõe-se à vivência de turbulência que evolui para um crescimento e um conhecimento na vivência de transformação de *O* para *K*.

Por outro lado, parece exposta ao contato com a mente primordial, com angústias que não encontram representação e que despertam intensos sentimentos de perseguição, culpa e desespero. Nessa hora tudo fica destruído, não sente ter recursos, vê-se desqualificada, empobrecida, destruída e, principalmente, culpada. Culpada, culpada, culpada... O sentimento de paralisia toma corpo (Biela), sente-se ameaçada de uma parada de desenvolvimento.

Embora ela se ressinta quando me sente distante, ou ainda quando ela se sente distante de mim, esbarra na dificuldade de se sentir só e ao mesmo tempo dependente. Ameaça interromper a análise, briga comigo, sofre pela percepção da dependência e ao mesmo tempo solidão. Reconhecer minha importância em sua vida lhe custava caro, e quando conseguia brigar comigo sofria enormemente, pois ao mesmo tempo se deparava com uma parte sofrida e frágil profundamente identificada com o vínculo analítico e sentia que precisava dele.

Braga (2011) destaca que diante das manifestações e do contato com a mente primordial:

> *Sentimos o impacto das manifestações impositivas advindas deste contato; o que o analista pode é suportar o contato com este vazio psíquico e aprender a reconhecê-lo. Para tanto, precisa formar uma representação deste irrepresentável, a partir da experiência emocional que surge quando a mente tenta conter as emanações do contato com esta condição inacessível. (p. 25)*

Conjecturo que já no segundo fragmento nos deparamos com essa dimensão do inacessível. Parece insuportável estar contido dentro dela o sentimento de *ser só e ao mesmo tempo dependente*, assim como também de se sentir excluída. A impressão que tenho nessa sessão é de que Alexandra oscila com certa velocidade entre a dimensão do conhecer e da mente primordial. Sinto sua instabilidade, percebo seu esforço para se manter conectada a si mesma e a mim, ao mesmo tempo que luta contra algo que emerge com muita força dentro de si. Um sentimento de abandono, de rejeição violenta. Há um vazio, uma dor, vivências que, por mais próximas que possamos estar, ela nunca vai deixar de experimentar. Quando sozinha, sentia-se perdida e agoniada, algo mencionado por Winnicott (1965).

Entendo que no terceiro fragmento a eclosão dessas manifestações da mente primordial emerge com força total. Rompe-se a cesura que poderia impedir a invasão do incognoscível que aterroriza. Alexandra se desespera. É tomada por uma torrente de desvalorização e culpa. Sente-se impotente, incapaz, nociva para os filhos e para si mesma. A lembrança da gangue emerge neste momento. A vivência é de destruição. Em meio ao caos surge o grupo das meninas que estão se organizando para os jogos. Seria a esperança na caixa de Pandora? Abraço essa esperança. Lembro-me de Vismundo e do quanto expandiu o universo de Biela. Grande Vismundo! Grande Freud, que nos brindou com a psicanálise!

Agarrei-me à esperança! Em meio a uma colocação, digo: "Tenho a impressão de que, apesar da dor, do sofrimento e da consciência de que talvez não possamos mudar tudo, quem sabe uma nova visão possa te ajudar a suportar essas vivências destrutivas".

Como nos sugere Braga (2011), nos domínios da mente primordial esta é nossa tarefa: conseguir identificar, reconhecer e ajudar o paciente a tolerar. Há limites em nosso trabalho e na possibilidade de os pacientes alcançarem transformações.

O trabalho clínico embasado nesse novo modelo de mente que Bion propõe a partir de *Transformações* (2004b [1965]) dá ênfase a um inconsciente a ser construído e a ser reconhecido em seus limites de cognoscibilidade. No encontro apaixonado entre duas mentes, o analista poderá dispor de muitos recursos técnicos, se estiver atento às diversas dimensões em que o paciente se manifesta. Essa visão amplia nosso vértice de observação por um lado, assim como nos coloca diante de um limite. Sim, um limite: nem toda a realidade psíquica pode ser transformada.

Passamos a refletir sobre a consciência moral primitiva, outra dimensão da mente primordial.

7. Consciência moral primitiva

Encontramos no trabalho de Junqueira e Braga (2009) e Braga (2020) a sistematização dessa ideia dispersa na obra de Bion, especialmente em seus últimos trabalhos entre 1976 e 1979 e suas supervisões. Nas descrições sobre a mente primordial, Bion destaca a existência de uma "consciência moral primitiva" como uma configuração que compreende "restos", "vestígios", de uma "consciência construída por registros perinatais". Presentes, portanto, antes do nascimento e ligadas a "registros talâmicos e glandulares", sua base é somática, sensorial/emocional. Eu acrescentaria também pulsional, em que os *Elementos β* conjugam aspectos da filogênese e da ontogênese. Discutiremos isso mais à frente.

Conjectura-se que o feto seria impactado por estímulos internos e externos, e esses "registros", como protopensamentos, vão ganhando uma qualidade de intensa culpa e terror. A pressão dessa consciência moral sobre a mente é violenta e impeditiva de desenvolvimento, pois dita aquilo que a pessoa não pode fazer, é uma consciência inexperiente, autoritária, que só pune e muitas vezes pode levar ao suicídio.

Presente nesses primórdios de desenvolvimento mental, exerce influência no desenvolvimento do pensamento. A consciência moral primitiva compõe toda uma dimensão formada por resquícios, registros de experiências pré-natais, isto é, anteriores às relações de objeto (Klein) e ao superego de Freud, herdeiro do complexo de Édipo.

O que Bion destaca não é uma moralidade advinda dos pais nas primitivas relações de objeto (Klein), ou ainda uma moralidade advinda da cultura, introjetada na relação identificatória com os pais (Freud). Sua conjectura é de uma moralidade primordial, e como bem desenvolve Braga (2020), como se estruturasse os primórdios do superego. Estamos na dimensão da mente primordial, de uma moralidade básica e fundamental que provoca intensos sentimentos de culpa, auto-ódio e terror. Um "aspecto inacessível da personalidade" que, acredita-se, possa emergir na mente pós-natal, consciente/inconsciente (simbólica).

Um aspecto muito importante para o qual Braga (2020) chama a atenção é o de que Bion modificou a condição instintiva destacada por Freud e Klein, ou seja, o superego deixou de ser uma estrutura para passar a ser uma "função mental centrada no pensamento".

Minha impressão é de que a modificação se deve ao acréscimo da teoria dos *Elementos β* à condição instintiva, ou seja, a presença dessa função do pensamento desde a origem, pela fusão dos aspectos filogenéticos e ontogenéticos na dimensão da mente primordial. Entendo que os impulsos, assim como impressões sensoriais e emocionais, são *Elementos β* nascentes.

É importante refletirmos sobre a matriz da qual o pensamento se origina. Bion coloca na grade os *Elementos β*, mas por que não os pensar já presentes nesses primórdios do desenvolvimento fetal? Se pensarmos o *Elemento β* como matriz da formação do pensamento, teremos o par: *impressões sensoriais e emoções* como presentes já na ontogênese. A unidade é o par! O bebê experimenta e registra emoções, assim como é impactado por vivências sensoriais, por impulsos destrutivos; vestígios dessas vivências terroríficas serão evacuados e vão emergir na mente consciente/inconsciente (simbólica). Tenho a impressão de que o conceito de *Elemento β* abarca os diversos vértices, filogenético/ontogenético, sensorial/emocional, físico/psíquico, pensamento/não pensamento. Um conceito fronteiriço que é a origem, *O* incognoscível.

Bion, com esse conceito de *Elemento β*, aproxima a filogênese da ontogênese, o impulso de um lado e as vivências sensoriais e emocionais de outro. A realidade última, este *O*, incognoscível, do qual apenas nos aproximamos, é compreendida por *Elementos β*, que são elementos brutos, coisas-em-si que serão transformadas pela função α e ganharão qualidade psíquica (*Elementos α*), tornando-se material para formação de pensamentos. Por outro lado, parte destes *Elementos β* permanecerão não transformados, ficarão inacessíveis e, ainda, serão evacuados.

André Green (2020), ao questionar o mecanismo que o indivíduo encontraria para se livrar da excitação nociva, indaga:

> *A evacuação é, certamente, um modo de se livrar da excitação nociva, mas não o único. Já levantamos a questão: como pode a mente, a mente primordial, se livrar do estado criado pela frustração? A projeção, sem dúvida, é uma possibilidade. O objeto se torna mau, é atacado e jogado fora, mas o sentimento de perseguição é sentido "dentro"; a ansiedade, a ameaça de aniquilamento, são internas. Como Freud, acredito que somente uma parte disso pode ser projetada externamente. Também acredito que no começo o objeto não está separado do self do bebê, de modo que a perseguição é, então, vivida como um perseguidor interno, misturado ao self, porque suponho*

> *que não há separação entre um objeto persecutório e um sujeito perseguido. Uma expressão, em francês, diz: "persécuté-persécuteur", isto é "perseguido-perseguidor". (p. 141)*

Tenho a impressão de que esse sentimento de perseguição é parte da consciência moral primitiva que permeia toda a área da mente primordial. Ameaça, terror e culpa, como bem aponta Braga (2020), poderão ser captados, sentidos pelo analista na experiência emocional durante a sessão, portanto não passível de ser conhecido pelo pensar, mas pelo tornar-se a realidade na experiência de *at-one-ment* com o paciente.

Estamos diante de algo que Bion já havia percebido, de que havia vários tipos de *Elementos β*. Penso que o sentimento provocado pela união, por exemplo, de um impulso destrutivo a uma vivência desprazerosa do feto no útero ou, ainda, a uma experiência emocional assustadora, como de uma discussão entre os pais, pode buscar ser evacuado pelo feto. Parte torna-se inacessível pela evacuação, parte poderá permanecer ativa na mente e em dado momento evoluir de *O* para a dimensão de *K*. Há ainda a possibilidade de esse *Elemento β* nunca ser alcançado, assim como ele poderia ganhar traços de ego e superego (moralidade primordial) e adentrar a mente (consciente/inconsciente), mente simbólica, como um objeto bizarro, estranho, muito violento.

Passaremos a refletir sobre o *urge to exist* como parte da dimensão da mente primordial. Além disso, apresentaremos uma série de fragmentos clínicos para reflexão.

8. *Urge to exist*[1]

[...] Suponho que, devido a minha parcialidade,
na análise estamos lidando com algo,
algo que é muito difícil de descrever [...]
(Wilfred Bion, 1976c, p. 244, tradução nossa)

Podemos estar lidando com coisas
que são tão delicadas que são praticamente imperceptíveis,
mas que são tão reais que podem nos destruir,
quase sem que estejamos cientes delas.
Esse é o tipo de área que temos de penetrar.
(Wilfred Bion, 1976c, p. 246)

1 Não existe em português um *urge* como substantivo, ele é um verbo; portanto, como não há uma forma de dar o forte significado que Bion imprime nesta palavra, penso que seria importante utilizar este anglicismo.

Há algum tempo encontro-me curiosa e intrigada sobre o uso que Bion faz da concepção *urge to exist*. Pelo dicionário, viver e existir são sinônimos. Bion se esforça para descrever uma configuração na dimensão da mente primordial. Conjectura uma configuração ligada às impressões do bebê ainda intraútero, quando não há recursos mentais para sua elaboração. Esse é um termo que surge, dentro de discussões clínicas, como um elemento a iluminar vivências muito profundas e dolorosas.

Estamos em uma área, designada por Bion, da mente primordial; uma dimensão de mente inacessível. Estamos nos primórdios da vida mental, em que a pessoa se sente assolada por um impulso que, segundo o autor, a escraviza. Em *A key to a memoir of the future*, Bion diz: "O impulso para existir é postulado como um forte impulso (*urge*), do qual o indivíduo é 'escravo'. Provoca rebeldia contra seu domínio. Esta rebelião encontra sua expressão extrema em autoassassinato" (p. 31).

Bion descreve o desespero de um paciente na Supervisão S11:

> *Agora, eu posso sugerir, novamente, que essa coisa ruim dentro é, realmente, sentida como muito determinada a ter uma vida sexual. Portanto, ela o usa, usa sua boca, seu pênis, seu ânus, com o propósito de ter uma vida sexual. Ela também sentiu que ela não se importa com o que ele é. De modo que ele tem de ter um intercurso com o que quer que seja essa coisa com a qual ele insiste em ter intercurso. Qualquer coisa!! Mas um dos perigos nisso é: ele sente que o mesmo objeto o forçou a procurar a análise, quer ele queira ou não. Assim, ele está assustado com a situação na qual todo ele é forçado: ele não quer análise, ele não quer relações sexuais, ele não quer intercurso nenhum, ele não quer ter um intercurso conversacional. Mas essa*

> *coisa dentro dele está determinada a explodir para fora e ter um intercurso, usando-o para tal propósito!!*
>
> *Resumidamente, eu tentaria, penso eu, revelar sua falta de esperança fundamental e desespero, por uma coisa. Mas por debaixo, a falta de esperança e desespero é ódio e ressentimento em relação a essa situação sem esperança. Portanto, há sempre o medo de que ele: ou não faria nada, ou explodisse e matasse alguém. Agora, a pessoa que está sempre à mão, sempre disponível para assassinato é ele mesmo.*

Minha impressão é de que Bion conjectura a existência de uma força disruptiva que irrompe e provoca enorme turbulência emocional. O indivíduo seria tomado por vivências, sentimentos assustadores. Diante de algo tão desconhecido e assustador, poderia se rebelar sob a forma de suicídio. Como me disse João Carlos Braga: "Estamos ousando investigar uma faixa de um mistério".

O que foi ganhando sentido para mim é que essa "força, poder, energia", que urge para existir, permeia toda a dimensão da mente primordial. Assim, passo a correlacionar este *urge to exist,* por meio de supervisões clínicas e fragmentos de atendimentos por mim realizados, à consciência moral primitiva, ao sentimento de ser só e ao mesmo tempo dependente, ao tropismo e à cesura.

Urge to exist e a consciência moral primitiva

Junqueira e Braga (2009, p. 3) descrevem que:

> *Em outra aproximação, podemos dizer que "Consciência moral primitiva" ilustra a dimensão dos "pensamen-*

> *tos sem pensador". Juntamente com os sentimentos de "dependência e de ser inteiramente só" e do "*urge *para existir", constitui manifestação identificada com uma mente primordial, enraizada no funcionamento cerebral e glandular pré-natal, permitindo-nos um vislumbre de uma dimensão da mente que nos fica inacessível com a cesura do nascimento. É um conceito que surge com os últimos acréscimos feitos por Bion em seu modelo da mente.* (1976-1979)

Na supervisão A5[2] de Bion, ele parece ligar o *urge to exist* à consciência moral primitiva. Nesse caso, a paciente seria levada a interromper a análise pela pressão de uma consciência moral, que dita aquilo que ela não pode fazer; que surge como impedimento a seu desenvolvimento. A paciente encontrava-se às voltas com a ideia de interrupção da análise para que, com o dinheiro economizado, pudesse ajudar a irmã a pagar o divórcio.

Bion:

> *Mas parece que se ela gastar seus recursos de tempo e dinheiro com ela mesma, ela iria se sentir tão culpada que não aguentaria. Eu não sei se diria alguma coisa a respeito disso a ela, nesse momento, porque não sei se ela aguentaria — eu provavelmente iria querer ouvir algo mais. Mas enquanto isso, eu guardaria para mim o fato de que essa é uma culpa básica, fundamental. Levando isso um pouco adiante: eu quero dizer que é o tipo de consciência que — se a pessoa tivesse uma visão religiosa — ela*

2 Publicado, de modo parcial, em *Clinical Seminars and Other Works*, como o Seminário 18 (São Paulo, abril de 1978) e no trabalho *Consciência Moral Primitiva: um Vislumbre da mente primordial* (2009), de Junqueira e Braga.

chamaria de pecado original. Mas do meu ponto de vista, eu penso que esses são sintomas de uma consciência muito perigosa e fundamental — básica, como eu disse — que é mais uma desvantagem do que vantagem. Agora, porque eu pensaria isso, porque eu estou pensando isso é: porque (essa consciência) não diz para ela o que ela deve fazer; apenas diz para ela que está errado, o que ela não deve fazer [...] (Bion, 1978, p. 2, grifos nossos)

[...] Eu poderia colocar nesses termos: duas crianças — duas crianças jovens — precisam de um pai/mãe, porque o pai/mãe tem bastante experiência. Essa consciência primitiva não tem experiência, portanto essa consciência primitiva não sabe o suficiente para saber como cuidar de duas crianças. Agora, a mãe experiente está propensa a ser muito severa porque ela está sempre dizendo: "Não faça isso, não faça aquilo, não seja malcriado, não..." e assim por diante... até o infinito. Mas, de fato, a mãe experiente — apesar de frequentemente dizer: "Não faça isso e daí por diante" — é muito mais indulgente, muito menos severa que a consciência inexperiente. Portanto, o perigo de deixar duas crianças sozinhas não é só pelas coisas impróprias que elas vão fazer, coisas más, mas porque elas vão ficar à mercê de uma consciência bastante inexperiente, muito severa e muito cruel. Portanto, apesar de parecer que a mãe é severa, de fato, o que é verdadeiramente importante a respeito disso é que suas consciências serão muito severas se não houver uma mãe lá. Portanto, o perigo não é só as perversidades que a criança irá fazer, ou as coisas erradas que a criança irá fazer, mas também quais coisas erradas essa cruel consciência irá fazer. É claro, que num estágio muito mais tardio, o perigo desse tipo de sistema moralista é que ele

> *pode impor sem necessidade uma sentença de morte. Em outras palavras, é um tipo de consciência que pode levar o paciente ao suicídio [...] (Bion, 1978, p. 7, grifos nossos)*

Entendo que Bion está apontando o risco de que a consciência moral primitiva irrompa na mente e não encontre um continente capaz de contê-la. Na situação das crianças, a mãe seria esse continente, muito menos severa que a consciência moral primitiva, que urge para existir. A consciência moral primitiva não está preocupada com a pessoa; nessa conjectura, seria tomada por uma força que quer existir e a pessoa não encontraria defesas para se proteger. Estamos fazendo conjecturas que possam nos auxiliar a pensar a clínica, como buscarei por meio do material clínico. Entendo que o aspecto assustador, de terrível sofrimento psíquico, é a vivência de vulnerabilidade a experiências sentidas como presentes e atuantes dentro do *self*, do qual a pessoa não tem como se libertar. Portanto, busca na análise, de maneira desesperada, um continente para conter seu desespero e seu impulso de tirar sua própria vida.

Junqueira e Braga (2009) conjecturaram que essa consciência moral primitiva estaria ligada a restos de experiências pré-natais, assim, presentes antes do nascimento. Com a cesura do nascimento, essas experiências ficariam inacessíveis; seriam registros presentes na dimensão de uma mente inacessível, primordial. Mais uma vez citarei Junqueira e Braga (2009):

> *O feto experimenta diferentes sensações (protoemoções e protoideias) com a qualidade terrorífica, sendo capaz de registrá-las no cérebro, mas sem dispor de uma mente para com elas lidar. A qualidade terrorífica seria o registro desta inundação, vivida como aniquilação do que é sentido como a vida; forma-se um núcleo de registro*

> *destas experiências de "nadificação", cuja estimulação passa a ser imperiosamente evitada. Para tal, forma-se uma entidade proibitiva, uma moralidade primordial, que tenta impedir a revivificação destas experiências; estes registros terroríficos são vivificados em posteriores experiências de possíveis transgressões às imposições (alucinadas) de uma entidade primitiva, predatória e arbitrária — uma moralidade primordial; o mecanismo da identificação projetiva já está disponível ao feto em desenvolvimento; e ocorre uma cesura, ligada ao nascimento, que torna estes registros primordiais inacessíveis à mente que se desenvolveu, com as qualidades de consciente/inconsciente. (p. 27)*

Braga (2020) expande e aprofunda essa compreensão, evidenciando que essas experiências constituem as bases da formação do superego. Ele diz (2020, p. 4):

> *O que Bion propôs como original foi: (1) uma abordagem da moralidade por meio das funções que o superego desempenha na dinâmica mental como parte do desenvolvimento do pensamento e (2) o reconhecimento de formas muito primitivas de manifestações da consciência que datam de um período ontogeneticamente anterior às relações objetais, isto é, anterior ao superego arcaico descrito por Klein. Assim, na concepção de Bion de uma mente multidimensional, que pode ser comparada ao modelo das camadas sobrepostas de uma cebola, encontramos simultaneamente, em cada indivíduo, diferentes estágios de desenvolvimento do superego: (1) uma dimensão com funcionamento mental simbólico, no qual a influência dos pais e da cultura estará presente [...],*

> *(2) uma dimensão primitiva organizada de acordo com as primeiras relações do objeto [...] e (3) uma dimensão formada por resquícios de uma mente primordial, organizada em torno de experiências pré-natais anteriores às experiências de relações objetais, que Bion chamou de "consciência moral primitiva" (*primitive conscience*).*

Minha impressão é que o que Bion conjectura — Junqueira e Braga (2009) e Braga (2020) sistematizam essas conjecturas — seriam experiências vividas pelo feto ainda intraútero, que ganhariam essa qualidade terrífica porque o bebê não tem um tecido mental constituído para acolher e pensar essas experiências. São vivências assustadoras, traumatizantes, que surgem à medida que o bebê é invadido por algo do qual não tem como se defender; está vulnerável a essas vivências de terror, culpa e ansiedades avassaladoras. Essa primitiva consciência se organizaria por meio dos registros dessas experiências pré-natais e, acrescento, da fusão dos aspectos filogenéticos e ontogenéticos sob a forma de *Elementos β* nascentes. Esses registros de consciência moral primitiva urgiriam por uma existência, irrompendo nos estados de mente consciente/inconsciente. Seriam forças primordiais que "urgem para existir". Essa mente primordial abarcaria uma das dimensões da mente, sendo as outras duas a protomente e a mente propriamente dita. A protomente, como descreveram Junqueira e Braga (2009), buscaria transformar estímulos mais somáticos, sensoriais; já a mente propriamente dita trabalharia no campo mais simbólico, com criação de pensamentos e representações.

Portanto, Bion propõe que pensemos em uma dimensão muito pouco explorada, mas extremamente importante na história de cada indivíduo. Aproxima-se da visão pulsional de Freud, com a noção de pulsão de vida e morte aplicada às experiências vividas pelo feto em seu desenvolvimento. Para Freud (1980 [1923]), a pulsão de morte surge como opositora às pulsões de vida e às pulsões sexuais. Uma força pulsional violenta e destrutiva da vida, da criatividade; algo ligado à filogênese, presente na história de evolução da espécie. Bion aproxima essas experiências da ontogênese, ou seja, do período de desenvolvimento do feto e subsequentes evoluções. É nesse âmbito que o termo *urge to exist* de experiência primordial foi concebido por Bion. É algo violento e ganha ainda mais força pela impossibilidade de a mente digerir e transformar.

Uma questão que surge para mim é: *poderíamos pensar o urge to exist como a força, e a consciência moral primitiva como o sentimento?* Vejam o que diz Bion neste trecho de *Memórias do Futuro*:

> ***Posição depressiva:*** *como é que a pessoa conhece um enrubescer tão invisível, um ruído tão inaudível, uma dor tão impalpável, que sua intensidade, intensidade pura, é tão intensa que não pode ser tolerada, mas precisa ser destruída mesmo que envolva o assassinato do indivíduo 'anatômico'?*
>
> ***Irmãozão:*** *Não sei do que é que você está falando.*
>
> ***Mãezinha:*** *Pelo contrário, você dá a impressão de* ser *aquilo de que fala, mas de não saber a fala* sobre *aquilo. (p. 62, grifos nossos)*

"Ser aquilo que se fala"? Força e sentimento juntos? Penso que aqui podemos aproximar o caráter instintivo e o sentimento, a presença da função do pensamento desde a origem. Uma aproximação dos aspectos filogenéticos e ontogenéticos, ou seja, dos impulsos às impressões sensoriais e emocionais. *Elementos β* como matriz da formação de pensamentos.

Urge to exist e o sentimento de ser só e ao mesmo tempo dependente

O analista leva para Bion uma sessão de uma mulher que, já no primeiro contato com o analista, descreve o profundo sentimento de solidão em meio a uma multidão e seu temor de que algo pudesse acontecer sem que se fosse possível recorrer a alguém. Bion (2018, Supervisão S12, p. 46) diz:

> *Posso interromper um instante? Eu penso que isto é algo fundamental. Eu acho que mesmo o recém-nascido — ainda que não possa verbalizá-lo — se sente dependente e se sente inteiramente só. Eles estão juntos, são ambos sentimentos desagradáveis e, de fato, o que é desagradável é ser dependente e ser inteiramente só. Você os tem de uma vez. Assim, poderíamos dizer: você pode estar inteiramente só com você mesmo, inteiramente só com o seu analista, inteiramente só com uma multidão na Regent Street. É uma curiosa combinação de ser todo só e dependente de pessoas e coisas que não são você. Nós parecemos ser uma espécie de animal que tem que se organizar em sociedade, que tem que ter irmãos e irmãs, pais e mães, e todo um aparelho social. Nós dependemos disto e somos, ao mesmo tempo, inteiramente sós. Assim, eu penso que este ponto está sempre atual, acontece na idade de quarenta, mas acontece também na idade de quatro, como também na idade zero. Assim, eu penso que isto é, de início, um ponto fundamental.*

E mais adiante:

> *[...] Eu penso que é, novamente, parte desta estória fundamental, em que ela não pode tolerar a situação em que ela é inteiramente só consigo mesma, mesmo quando está com outras pessoas. Em outras palavras, este self não a deixa só. Este self vai com ela; mas nós até agora não sabemos o que este self é. Este certamente não é o self com quem ela gostaria de estar só, assim, está sempre em busca de alguém. Assim, se não pode estar com você, certamente irá procurar outrem. Se não pode encontrar ninguém, então irá ao encontro de uma multidão como a de Regent Street. Em qualquer lugar, onde existam multidões, para evitar estar consciente de que está consigo mesma, quer queira ou não. (p. 50, grifos nossos)*

Esse sentimento de ser dependente e, ao mesmo tempo, de se sentir inteiramente só, esse sentimento de *incompletude* básico, fundamental, é, como citado anteriormente, um sentimento doloroso e desagradável. Define-o em *A key to memoir of the future:*

> *Dependência e sentir-se inteiramente só são ambos estados de mente desagradáveis. Mesmo o bebê parece ter consciência de estar só e dependente da assistência de alguma coisa que não é o seu self. A percepção precoce [early awareness] destes sentimentos é ligada à vulnerabilidade e crueldade. O emergir junto destas manifestações sugere a presença de características básicas. O problema do analista é intuir a época e qualidade do que está observando. (p. 25, grifos e tradução nossa)*

Bion fala em *percepção precoce*, conjectura a possibilidade de o bebê ainda no útero ter vislumbres de uma consciência que o colocaria em contato com algo violento e cruel. Solidão, vulnerabilidade... O bebê experimentando uma percepção... primórdios de sentimentos...

E mais:

> *[...] Eu gostaria de sugerir, parece-me que este self — do qual ela está ansiosa para fugir — é uma coisa muito difícil, mesmo para mim, de descrever. Eu me sinto bastante seguro de que sei do que ela está falando, mas eu acho muito difícil descrever. A melhor maneira que tenho para descrever é: é uma forma de* urge *para existir. Agora, o* urge *para existir do qual eu estou falando, parece-me ser completamente indiferente para meros seres humanos. Esse* urge *para existir não se importa se nós morremos ou morremos ao nascer, ou de outra forma. Seus pais igualmente, o* urge *para existir os força a dar à luz a uma criança, quer eles desejem isto ou não. Assim, ela mesma é um produto do mesmo* urge *para existir. Ela está à mercê desse* urge *para existir. Ela está assustada de ficar inteiramente só [*all-alone*] com esse* urge *para existir — que não se importa com o que possa acontecer a ela. Isto é completamente sem piedade. É a impressão que isto me transmite. Ela está, eu penso, aterrorizada por algo de que seus pais são escravos e do qual ela pode se tornar escrava também. Ela é escrava desse* urge*, desse impulso. Ela própria é apenas um objeto em seu caminho. Sem dúvida, tudo isto é muito teórico e muito problemático!! (p. 51, grifos nossos)*

Ser "escrava desse *urge*, desse impulso", amplia a percepção de solidão e vulnerabilidade, o que incrementa o sentimento de dependência e desperta ainda mais terror.

Urge to exist, urgência em viver, tropismos?

Diante da pergunta de um dos participantes, se Bion estaria falando de que aquelas seriam impressões do paciente, este diz (Supervisão S12, p. 52):

> *[...] Eu estou dizendo que são minhas, mas eu suspeito de que isto é alguma coisa de que nós todos somos vítimas. A paciente nota isto ou ela odeia isto. Odeia simplesmente ser escrava deste impulso. Não importa se ela morra ao nascer ou não, ou se ela tem dezessete ou setenta anos. Mesmo aos dezessete ela teve uma criança de que ela não pôde cuidar. Mesmo aos dezessete ela teve que ter um parceiro sexual, quer ela o desejasse ou não, ou quer ele a desejasse ou não. Ela tem suas razões para estar com medo deste impulso que a usará para produzir uma nova vida. Assim, isto é sentido como algo aterrorizador. Uma espécie assustadora de senhor dominador, não só de seres humanos, mas de todas as formas de vida, não se importando se estas formas de vida são algas, germes ou cocus e, se a raça humana for exterminada, isto ainda encontrará uma coisa ou outra, para nela continuar a existir.*
>
> *A: Algo como uma teoria de encarnação?*
>
> *Bion: Sim, isto. Mas, se não for encarnação, então será implantação. Plantas farão o mesmo. Se não forem os bacilos serão os cocus. Se não for vida animal, será vida vegetal. Recentemente tem sido sugerida a existência de uma forma de objeto animado que não é vegetal nem animal.*

Um pouco mais adiante na Supervisão, o analista faz uma observação, e Bion chama a atenção para o aspecto de sermos escravizados por essa força. Vejam:

> *A: Nós odiamos este* urge *para viver, de um lado. De acordo com isto, eu penso que sentimos culpados, uma espécie de culpa. Culpa primária. Nascemos sentindo culpa. Como se fôssemos amaldiçoados, expulsos de um outro estado, que seria sermos sempre culpados. (p. 55)*
>
> *Bion: Eu penso que não é tanto este* urge *a viver, mas ser escravos deste* urge *a viver. Temos que nos alimentar, temos que nos vestir, temos que nos curar. (p. 56, grifos nossos)*

Quando Bion destaca que seríamos escravos de uma necessidade de nos alimentar, de nos vestir, de nos curar, entendo que ele possa estar falando de todo um esforço nosso para não apenas sobreviver, mas fazê-lo com qualidade. Sofrer tamanhas turbulências não é uma escolha, e sim uma necessidade de permanecer vivo. Mas o indivíduo pode não suportar e escolher tirar sua própria vida.

Na Supervisão A35 (p. 5-8), o analista traz um caso em que a paciente diz que queria fazer análise, pois tinha medo de não conseguir parar algo dentro dela, que não sabia o que era, mas que sentia que poderia matá-la. Bion encaminha a conversa levando a reflexão de que a paciente se sentia aterrorizada por forças das quais não estaria ciente:

> *Bion: [...] A história, penso eu, está, na verdade, centrada no sentimento de que ela é uma pessoa sem importância, e que ela é escrava de forças que não se importam com ela de nenhuma forma [...].*

[...] É negar o sentimento que tem um urge *para existir. Agora, é difícil descrever, porque esse* urge *para existir, é sentido como algo que não se importa se você for um animal, ou um animal humano, um cachorro, uma cachorra, ou uma linda mulher. De fato, é completamente indiferente, e desse ponto de vista há um sentimento de que, este* urge *para existir faz uso de criaturas como cães, seres humanos, para perpetuar sua existência; mas não se importa com o que acontece com a coisa ou pessoa que usa no processo. Portanto, é uma questão de indiferença completa; é uma força completamente indiferente ao que acontece com a mãe. A mãe pode morrer; os descendentes podem ser devorados, mas tudo isso a serviço dessa força, essa força existencial, essa força de existir, esse poder para existir. Portanto, ela tem medo de ser usada simplesmente como um meio de perpetuar a existência, como se alguém pudesse dizer: "Eu não me importo com o que seja, mais plantas, mais cães, mais seres humanos. Eu não me importo nem um pouco com o que isso é. Não me importo com o que acontece com a planta, com a cachorra ou com a mãe... contanto que eu possa perpetuar meu próprio 'self', meu próprio* urge *de existir". Portanto, a paciente está, fundamentalmente, aterrorizada de se tornar uma escrava desse* urge *de existir. Eu, talvez, poderia tornar isso um pouco mais claro admitindo o contrário disso. De algum modo, o oposto disso é a visão analítica, a qual é baseada no respeito ao indivíduo. A esse respeito, nossas próprias atitudes são baseadas nesse tipo de crença filosófica: na importância do indivíduo. É baseada no tipo de respeito à pessoa individual. A força, para a qual estou tentando chamar a atenção, não se importa com o que acontece com o indivíduo. Podemos colocar isso dessa*

forma: se a raça humana se extinguir com uma bomba de nêutrons, a força de existir não se importaria nem um pouco com isso. Eu seria apenas mais um experimento descartado. Portanto, é uma questão de indiferença em relação ao que acontece à raça humana — ou qualquer outra raça, desde que o urge *para existir continue... de uma maneira ou de outra.*

P2: Você quer dizer qualquer coisa exceto você mesmo?

*Bion: Essa ideia de você mesmo, eu mesmo, e assim por diante... está baseada no respeito ao indivíduo. Politicamente, isso significa que pensamos que o estado existe para o benefício do indivíduo, não o indivíduo para o benefício do estado. Mas essa força não tem respeito algum em relação ao indivíduo. Essa força não se importa se você é um ser humano, um cão, ou bacilo, ou uma alga, contanto que a existência continue... o que acontece com a existência individual é questão de indiferença. Agora, eu não acredito que seja bom dizer isso à paciente. Penso que é algo simplesmente útil — que seria útil para mim, se eu estivesse analisando essa paciente — mas eu esperaria qualquer coisa que se encaixasse nessa teoria básica; eu esperaria, durante todo o tempo, que isso brotasse onde essa paciente está travando uma guerra contra essa força; desejando continuar a ser uma pessoa, querer continuar a ser uma pessoa bonita, e assim por diante... e não gosta de ser uma escrava dessa força (*power*).*

A: Dessa?

Bion: Dessa força, desse poder, dessa energia [To that force, that power, that energy].

A: Bem, outras ideias me vieram agora... Ela sempre

reclama que ela sente que sua mãe é completamente indiferente a ela. Ela tinha três meses de idade quando sua mãe ficou grávida de novo e, subitamente, parou de amamentá-la. Essa garota, até hoje, reclama desse acontecimento; ela acusa sua mãe; que sua mãe estava muito deprimida naquela ocasião.

Bion: Estava o quê?

A: Deprimida, naquela ocasião quando ela tinha três meses de idade.

Bion: É conveniente, também, ser capaz de culpar a mãe, mas, de fato, penso que o medo é de que a própria mãe seja uma escrava da existência, desse urge para existir, para que possa produzir um bebê — mas isso não é importante, ela pode produzir outro, logo depois. Se isso é bom para ela ou ruim para ela, não faz a menor diferença; ela tem de continuar produzindo bebês, da mesma forma que uma cadela tem de produzir cachorrinhos, e uma cadela tem de produzir cachorrinhos, da mesma forma que uma máquina de linguiça produz linguiça: elas apenas vão ser devoradas. Resumindo, poderíamos dizer: é uma força cega que não tem nenhuma preocupação com o que acontece com o indivíduo de nenhuma maneira; mortalidade infantil, mortalidade materna, nada disso importa — nada disso, nem um pouco.

A: Sobre o seu pai, ela me diz que sente que tem de ser uma filha bonita, uma criança carinhosa, sempre sorrindo. Ela também sente que seu pai invade sua privacidade — que seu pai a controla, exigindo coisas. Mas, ao mesmo tempo, ela me diz, que talvez o que ela me diz não é verdade, porque talvez sejam apenas seus sentimentos; talvez seu pai esteja sofrendo com sua doença; é apenas preocupação a respeito de sua situação. Mas, o que ela sente, é que ele a invade. Quando ele se levanta e põe sua mão nela, ela o rejeita e não consegue suportar nenhuma manifestação de carinho.

Bion: Novamente, penso que esse mesmo sentimento existe em relação a seu pai e a sua mãe. O pai, também, é realmente sentido como um instrumento no progresso da existência. Eu repito essa palavra existência, mas estou, realmente, tentando descrever algo que não tem nenhuma característica humana. Portanto, desse ponto de vista, pode ser que o pai, novamente, seja um escravo da mesma força, e essas pequenas regras sobre incesto etc., não importam. Portanto, é essa força... se o pai se submeter a essa força, ele irá, então, sem hesitação, seduzir sua filha, e irá querer seduzi-la a produzir mais bebês. É quase como: mais causas, mais bebês, mais abelhas, mais plantas e mais pessoas; mas, bem indiferente ao que acontece às pessoas, ou às plantas individuais. Se olharmos para isso historicamente: houve um tempo em que faraós, por exemplo, tinham relações incestuosas como um privilégio. Hoje em dia, não está na moda os pais terem relações incestuosas com seus filhos, mas penso que tudo isso faz muito pouca diferença; incesto ainda existe, e a força por detrás disso é realmente sentida como muito poderosa; é muito mais poderosa do que o que chamamos de sexo, ou prazer sexual. Elas nos mostram, simplesmente, coisas inferiores das quais estamos cientes como seres humanos. A coisa fundamental é: essa força que é completamente indiferente ao indivíduo, planta ou animal. Portanto, penso que a paciente teria, primeiramente, medo de que a analista fosse apenas mais um desses objetos, o qual é um escravo dessa força — ou, alternativamente, que a

> *analista também esteja envolvida em uma guerra sem esperança pela existência individual, contra essa força maciça. De fato, eu não penso que ela tenha encontrado uma forma de mobilizar nada contra esse tipo de força onipotente.*
>
> *A: Você pode repetir isso?*
>
> *Bion: Ela não consegue mobilizar nenhuma resistência contra essa força onipotente.*
>
> *A: Sim, e...*
>
> *P2: Você acha que esse é o seu problema, ou não?*
>
> *Bion: Penso que todos os seus problemas estão relacionados a esse. Todos os problemas individuais são, na verdade, facetas da mesma coisa. É como olhar para as próprias mãos, se você olhar para elas através de um microscópio, você vê células individuais — mas elas não são importantes; elas apenas se somam a uma totalidade a qual você chama de mão ou corpo. Portanto, a peça individual de vida — seja um cachorro, ou uma planta, ou um ser humano — é simplesmente uma pequena partícula nessa existência total. A força não se importa com o que aconteça com essa partícula — do mesmo modo que você não se importa com o que acontece com uma de suas células quando sua pele descama; você nem sabe que desgastou aquela célula com o uso. (p. 5-6, grifos nossos)*

Estou entendendo que, para Bion, o *urge to exist* seria uma força que usa o outro para realizar seus planos, sem nenhum respeito ou consideração, pois não há indivíduo, si mesmo. É indiferente aos meios para atingir seu objetivo — exemplo: procriação ou assassinato.

Associo essa ideia ao momento que vivemos: a pandemia de covid-19. Fomos usados pelo vírus para sua sobrevivência; não importava se morreram milhões de pessoas. O vírus lutava por sua sobrevivência, nada mais! Apenas necessitava de um hospedeiro para se manter vivo e se replicar, independentemente de causar pneumonia ou matar o hospedeiro. Não importa!

Tenho a impressão de que Bion busca discriminar a força de sua percepção. Ou seja, discriminar o impulso — força, poder, energia — de sua apreensão psíquica: os sentimentos. Em meu entendimento, o *urge to exist* é uma força biológica/psicológica, força e sentimento. Temos que discriminá-la da "busca de existência" (←↑) a que se refere Bion em *Transformações*.

Bion, antes de formular as conjecturas sobre mente primordial (entre 1976 e 1979), tentou fazer aproximações com os pródromos dos pródromos da vida mental, trazendo a ideia de tropismo da Biologia para a psicanálise. Ainda em *Transformações* (no capítulo 8), propõe-se a considerar que a existência de ←↑, símbolo que representa "em busca de existência", seria mental e com possibilidade de ser percebido sensorialmente. Nesse caso, "em busca de existência" estaria ligado a um tropismo. Ele postula três tipos de tropismos: assassinato, parasitismo e criação. Para ele, "os tropismos são a matriz a partir da qual brota toda a vida mental" (2000, p. 48).

"Em busca de existência" como um tropismo de criação ou parasitismo parece-me um movimento a caminho de uma existência no campo mental, em busca de representações; um *Elemento* β em transformação pela função α – ←↑, como um tropismo de assassinato, busca destruir os objetos internos que já possuem uma existência, retirando deles toda a vida. Bion os situa em C3.

Vermote (2019) fez algumas aproximações sobre a visão, em seu entendimento, de Freud e Bion sobre tropismo. Diz ele:

> *A percepção de uma conexão pode ser relacionada à consciência de Freud (Cs), que é definida por Bion como um tropismo. Um tropismo é um movimento involuntário espontâneo como o de uma planta em direção à luz. Bion considera que um (♀) busca e espontaneamente encontra um (♂) da mesma forma. A direção dessa Cs pode ser novamente marcada pelo movimento ←↑ na grade, o qual reflete um ♀ em busca de um ♂, e o que Bion chama de "em busca da existência". Esse tropismo também pode ser negativo: um objeto interno ganancioso e destrutivo despido de significado; portanto ele é representado como ←↑. (p. 121)*

Assim diz Bion em *Transformações* (2004b [1965], p. 126):

> *O estado que representei por ←↑ é um estado que também posso representar em termos classificáveis como C3; assim: ←↑ pode ser personificado por uma "pessoa" inexistente cujo ódio e inveja são tais que "ela" se dispõe a eliminar e destruir todo resquício de "existência" de qualquer objeto que possa ser considerado como "tendo" alguma existência a ser eliminada. Tal objeto inexistente pode ser tão apavorante que sua "existência" é negada, restando apenas "lugar onde ele estava". Isto não resolve o problema, visto que o lugar onde ele estava, a não-coisa, é mais apavorante ainda, pois tem, como se assim pudesse ser, uma existência ainda mais negada, ao invés de ter permissão para se fartar com qualquer existência que pudesse invejosamente encontrar. Negar a existência do "lugar onde ele estava" apenas piora as coisas, pois agora não se pode localizar o "ponto", que designa a posição da não-coisa.*

Tenho a impressão de que "em busca de existência", como um tropismo, aproveita as turbulências e emerge pelas fendas abertas, pelo movimento de vida. A consciência começando a ganhar vida tem que se haver com imensa turbulência. É necessário um continente que acolha, que transforme, dê vida por meio da consciência Cs e encontre uma comunicação que favoreça a construção de um continente que possa reter os conteúdos para que a vida mental possa ter existência. Um continente forte que tem como assoalho uma relação continente-conteúdo firme, que forma uma condição de pensamento. Portanto, *Elementos β* que sofreram a transformação pela função *α*, transformando-se em *Elementos α* que constituem os elos para formação de pensamentos. O tropismo de criação e parasitismo aproveita ou gera turbulências que encontram uma continência, portanto, dentro de uma dimensão em que há possibilidade de representação mental. Desse modo, a matriz do pensamento pode ser um *Elemento β* que sofre as transformações da função *α*, levando ao desenvolvimento de pensamento.

Em seu sentido negativo – ←↑, por inveja, busca destruir todo e qualquer sentido de movimento e vida. Entretanto, parece-me que o ponto importante de discriminação e diferenciação é que este movimento de "busca de existência" (←↑) e sua destruição (– ←↑) se dão na dimensão de *K*, como postulou Bion anteriormente, em C3 da grade.

Uma "*conjunção constante de relações*" sintetizada por Bion (p. 124):

> *Cs (A1) tem a natureza de um tropismo. Envolve ψ (ξ) naquilo que (ξ) procura por saturação. Esta consciência é uma consciência de uma falta de existência que demanda uma existência, um pensamento em busca de um significado, uma hipótese definitória em busca de uma realização que dela se aproxime, uma psique pro-*

> *curando por uma habitação física que lhe dê existência, ♀ procurando ♂.*

Eu acrescentaria: um conteúdo procurando um continente...

O *urge to exist* é uma força cega, violenta e destrutiva que brota na dimensão de O, na mente primordial. Penso ser um *Elemento* β que não sofre as transformações da função α; ele é evacuado, atuado independentemente da vontade do indivíduo, caminha nos primórdios da formação do pensamento na mente primordial, ou seja, irrompe da mente primordial na mente simbólica e busca uma realização sem consideração com o indivíduo.

Ao ler meu trabalho, "Reflexões sobre Urge to Exist em Bion" (Brito, 2021a), Bernadete C. de Assis indagou: "a força *aproveita* as turbulências ou *cria* as turbulências? Ou ainda, o *urge to exist* é a turbulência?".

Penso que o *urge to exist* é a própria turbulência, "força, poder, energia", que irrompe na mente consciente/inconsciente de modo dilacerante e não dá à pessoa a chance de se defender, é violento e destrutivo. Ele é e cria a turbulência, gerando terror e culpa. Seriam *Elementos* β brutos, que não sofrem a transformação pela função α.

Urge to exist e a cesura

Conjecturo que a cesura seja o melhor conceito para nos ajudar a iluminar a área que Bion examina. Em *On quotation from Freud*, sobre se "haveria mais continuidade entre a vida intrauterina e a impressionante *cesura* do ato do nascimento que nos faria acreditar", Bion se indaga: "Como se fosse a cesura que nos regesse" (1976b, p. 234, tradução nossa).

Em 1977b, Bion define cesura como um corte, uma pausa. López-Corvo (2003), no dicionário de Bion, diz:

> *Bion estende a metáfora para incluir a existência de um limiar que une/separa ou separa/penetra diferentes dimensões descritas como semelhanças de diferenças; por exemplo, a resistência na comunicação psicanalítica (1987, p. 298) à interação entre boca e seio, vida intrauterina e vida adulta, entre o indivíduo e o casal ou entre as culturas orientais ou ocidentais. (p. 51, tradução nossa)*

A cesura une e separa ao mesmo tempo; marca uma separação, assim como uma continuidade. Este é um paradoxo que pode iluminar o que estamos buscando refletir. Se a cesura nos governa, ela nos impõe a necessidade de lidarmos com este paradoxo, qual seja a possibilidade de que traços ou vestígios dessas experiências vividas pelo bebê possam ter continuidade em nossa vida somatopsíquica, seja ela do soma para o psíquico, seja do psíquico para o soma. A cesura é o vínculo, a sinapse (Bion, 1977b).

Penso que podemos conjecturar que as experiências vividas pelo bebê intraútero, assim como os tropismos e os pensamentos primordiais (Bion, 1977b) são forças poderosas que buscam se manter vivas, buscam ganhar vida na mente consciente/inconsciente, buscam sua sobrevivência. Sandler (2005) nos chama a atenção quando diz: "A cesura procede à cisão quando não é tolerada" (p. 101, tradução nossa).

Minha impressão é de que a cesura seria como um vínculo a iluminar toda essa área da mente inacessível e primordial, assim como da mente mais organizada consciente/inconsciente. Mais do que isso! Ela nos governaria dependendo de nossas possibilidades ou não de tolerá-la, como propôs Sandler.

Como desenvolvi recentemente no estímulo para as "Conversas Psicanalíticas" (Brito, 2021b), Bion se movimenta e tem como modelo o par: dentro/fora, consciente/inconsciente, sanidade/insanidade. Investigarmos o vínculo, a sinapse, o par. "A unidade é o par". A cesura como um espelho transparente, como propõe Bion, presente na fronteira entre corpo e mente, pode favorecer essa passagem de algo do soma para o psíquico e do psíquico para o soma.

Em conversa pessoal com João Carlos Braga, ele destaca que, no seu entender, Bion teria procurado manter as vertentes biológicas e psicológicas separadamente, e diz:

> *"Penso que Bion procurou, cuidadosamente, aproximar o que surge separadamente, reconhecendo que seu método baseia-se em aproximar do pensamento psicanalítico o que fica acessível na experiência do analista na sessão analítica [uma experiência emocional que evolui em K] e descrevê-lo, fazer analogias, criar o clima onírico para que possa haver transformações em representações." Ou seja, o meio em que busca desenvolver conjecturas imaginativas para possíveis conjecturas racionais é psicológico e não pulsional. Como bem pontua Braga: "Ele escolheu o caminho da discriminação, do reconhecimento que o útil para o analisando é ele mesmo criar esta dimensão onírica".*

A qualidade terrífica dessas vivências, que precisarão ser contidas e pensadas pelo par analítico, assim é determinada pela precocidade com que invadem a mente nascente do bebê ainda no útero; ao mesmo tempo, são também terríficas por não serem transformáveis em pensamento.

Em meu entendimento, o *urge to exist* como "força, poder e energia" é biológico/psicológico, somático/psíquico, fica nesta fronteira, é um *Elemento β* bruto que se impõe e se faz presente, aproximando a filogênese da ontogênese. Ele é biológico e psicológico e permeia a dimensão de *O*.

Fragmentos clínicos

Maria, quando me procurou, estava profundamente deprimida e com muito medo de se matar. Sentia-se um verme, uma pessoa de existência insignificante, além de ter o sentimento de uma culpa avassaladora. Não aceitava tomar medicação, pois não acreditava nisso; temia ficar dependente da medicação e sem uma compreensão do que se passava com ela. Ao longo de muitos anos de análise, temos vivido momentos de muito sofrimento e outros de certo desenvolvimento e crescimento, que não parecem se sustentar. A impressão é que tudo é levado por uma força mortífera.

Na sessão que antecedeu ao primeiro fragmento que discutirei aqui, havíamos conversado sobre a carta de uma leitora a Rubem Alves. Na carta, a leitora diz que ela conseguiu perceber que teria o direito de ser feliz, de ter uma existência, a partir da leitura de trechos do escritor.

Nesta sessão, ela retoma o tema. Começa dizendo que ficou pensando na carta escrita para o Rubem Alves e em como aquela carta era dela, como se identificava com a moça. Maria lê para mim o trecho a seguir:

"Não dormi. O que aconteceu comigo? Sinto a todo momento que sou um ser que não aceita ser o que é. Sou um poço de mentiras. Sou um poço de ilusões. Crio situações medíocres para me motivar... Você é a pior coisa que existe... não tenho coragem de me matar, por medo de sentir dor, e então fico aqui, sendo um robô, sem motivos algum para viver..." ("Esforce-se por ser feliz", de Rubem Alves)

Maria: "A diferença é que não tenho medo da dor; o que ainda me segura é o amor de meus pais e o meu amor por eles, por minha família."

Conta-me o quanto se sentia insignificante e decepcionada consigo mesma ao pensar que todo o crescimento que parecia ter tido, na verdade, não havia ocorrido. Fala-me do cuidado e da atenção dos pais com ela, de como eles estão sempre buscando indiretamente conversar com ela sobre seus sofrimentos, mas sem falar diretamente, com todo tato.

Maria: "Hoje mamãe veio me falar do filme que eles assistiram na Netflix sobre a história de um cachorro... e disse: 'você vai gostar, precisa assistir'. O filme fala da relação tão importante entre o homem e o cachorro que o ajudou a se sentir pertencendo. Silêncio longo... eu perguntei para o papai se ele conhecia alguma pessoa que <u>involuiu</u>, ao invés de crescer foi <u>involuindo</u> na vida. Fico com a impressão assim: que eu estou <u>involuindo</u>."

Digo algo mais ou menos assim: "E aí você encontra mais motivos para se culpar, para se punir, quando não se sente podendo crescer, como se não pudesse aproveitar da minha companhia e da de seus pais para se sentir com direito de existir, de crescer."

Conversamos sobre não ser o crescimento linear, de que havia que se tolerar ondulações, turbulências. Passado um tempo, ela diz: "Lembrei-me da *Consoada* de Manuel Bandeira" (Bandeira, 2013) e recita o poema, de cor:

Quando a Indesejada das gentes chegar

(Não sei se dura ou caroável),

Talvez eu tenha medo.

Talvez sorria, ou diga:

– Alô, iniludível!

O meu dia foi bom, pode a noite descer.

(A noite com seus sortilégios.)

Encontrará lavrado o campo, a casa limpa,

A mesa posta,

Com cada coisa em seu lugar.

Maria: "O problema, Gisèle, é que não sinto que cumpri a minha missão."

Digo: "Bem, então há uma esperança. Estamos juntas e trabalhando para que você possa reconhecer a pessoa que é: a pessoa atenta e cuidadosa, a filha amorosa e dedicada. A vida está aqui presente; a morte, nós não sabemos quando virá. Sua missão é a vida que se desdobra, hoje, agora e que te traz aqui para comigo trocar."

Depois disso, há um longo silêncio, e ela chora baixinho.

No dia seguinte — Segundo fragmento

Maria começa a sessão me falando que teria pensado em nossa conversa da sessão anterior. Refletiu sobre sua necessidade de perfeição e que isso a fez pensar em algo que teria lido da Eva Pierrakos, sobre culpa e perfeição, e diz: "Fico pensando, o que falta em mim?" Pergunto para ela, quando ela fazia essa pergunta para si mesma: "o que a faz pensar?".

Maria: "Eu não sei. O que eu sinto é culpa, culpa; mas minha culpa é anterior, não me culpo simplesmente por não ser perfeita. Sei que muitas vezes eu vejo e não aprendo, como descreveu a Eva, vejo o mesmo em mim. Sim, muitas vezes sinto que tudo que é meu é um problema. Adoraria ser boa em tudo, perfeita. Como sei que não posso, fico migalhando o olhar do outro. Não consigo enxergar nem meu resto. Ela fala que o que faz mudar é o amor, quando você é capaz de amar. Eu não me sinto capaz de amar. Quero mudar para me sentir melhor, porque quero, não porque amo. Eu não amo, não agradeço."

Digo então que via em sua fala uma dureza tão grande, uma violência tão forte, que até o sentimento de amor, que ontem mesmo dizia existir na relação dela com os pais, que a fazia não pensar em se matar, hoje já sentia como não existindo mais. Vejo-a debatendo-se num sentimento de culpa por achar que não é uma boa pessoa, alguém capaz de amar. Digo que eu a entendia quando ela falava que sua culpa era anterior; que eu sentia ser algo que ela carregava uma vida inteira e que a impedia de ter, por ela mesma, um sentimento de compaixão, de poder se olhar com um olhar benigno. Maria diz que no momento em que perguntei sobre o que a faz pensar não tinha dado resposta porque havia pensado que não sabia se amar e não poderia existir.

Maria: "Você não imagina o esforço diário que faço para existir. Não tenho fome; sinto-me cada vez mais magra. Como se procurasse a todo tempo ficar invisível. Desde pequena eu desejo ser invisível aos olhos dos outros. Sempre acho que tudo que faço não é bom. Tão diferente do Padman."

Conta-me então a história do filme indiano chamado Padman. Fala que é a história real de um homem na Índia que, ao descobrir que as mulheres, no período menstrual, não tinham disponíveis absorventes higiênicos, e que viviam a humilhação de se sentirem impuras e serem afastadas do convívio durante o período da regra, fica indignado e obcecado e desenvolve uma máquina para fazer absorventes. Conta-me que este homem foi parar na ONU, ganhou um prêmio por sua atuação e ajuda em defesa das mulheres.

Maria: "Ele sabia quem era ele. Eu fiquei pensando em como

ele se ama. Nada o impedia de ter sonhos. Muito diferente de mim Gisèle. Eu gasto uma energia assombrosa repetindo a mesma coisa, mantendo o mecanismo e me impedindo de viver."

Pergunta-me se eu tinha visto que uma menina de 11 anos havia tentado se matar na semana passada e um menino de 10 anos que conseguiu. Eu digo que sim.

Maria: "Fico pensando o tanto que essa menina está longe dela mesma, que fragmentação. O quanto ela precisa de ajuda. Que violência interna! Já imaginou o poder desse mecanismo?"

A: "Essa é a pergunta que não podemos deixar de fazer! Como bloquear esse mecanismo, que temos visto te fazer sentir tanta culpa, e que te impede de existir? E como você me aponta, pode conseguir destruir a sua vida? Eu te pergunto: como olhar para você com o mesmo olhar de amor e de compaixão, que vejo agora, que olha para esta menina e para este menino?"

Digo ainda que minha impressão não era de que faltava amor, capacidade de amar. Mas que faltava, sim, o reconhecimento da pessoa que ela era e de sua capacidade de amar. Ficamos em um silêncio longo.

A: "Seria este silêncio um repouso, um descanso neste sofrimento louco por uma luta por existir?"

Maria: "Acho muito pouca diferença entre estar viva ou morta. Guardadas as diferenças, acho que eu e a menininha já infringimos um sofrimento imenso a nós mesmas. Esse turbilhão me tira da minha vida o tempo todo. Me tiro de existir o tempo todo. Sinto que ela precisa muito de ajuda, tem apenas 11 anos, precisa de análise. Não a olho como fracassada. A mim, me vejo como fracassada. Tenho mais de x anos."

Questiono o porquê.

Maria: "Eu sinto, eu olho e não aprendo. Minha mãe esses dias me perguntou: o que aconteceu? Você estava crescendo tanto com a Gisèle, estava tão melhor! O que aconteceu para regredir dessa forma? Eu disse para ela que não sabia; não sei mesmo, Gisèle".

A: "Sim, eu entendo. Sinto seu desespero e sua luta entre a esperança de que a análise aqui comigo possa te ajudar; ao mesmo tempo, sinto seu temor de que essa esperança seja vã. De que nada possa adiantar. É uma luta enorme para existir e deixar de existir que você trava, todos os dias, a um longo tempo. Eu entendo o quão cansada e desesperada se sente e, nesta hora, a vejo sentindo raiva, ressentida com você e mais uma vez se culpando: 'eu olho e não aprendo'. Sinto, Maria, que o problema não é falta de competência sua ou minha — ou ainda nossa, como parceria —, mas que estamos diante de forças poderosas que estamos lutando para conhecer, cada dia um pouquinho mais."

Maria: "Obrigada, Gisèle, por estar comigo".

Escuto-a chorando. Sinto-me profundamente tocada e triste.

Bion (1976c, p. 245), ao falar sobre uma situação severa que tinha em mente, de obstrução ao desenvolvimento, diz:

> *Mas, no que lhe diz respeito, ele pode preservar uma mente no nível mais profundo que nada sabe sobre isso, mas que pode, não obstante, ter sentimentos de culpa bem estabelecidos. Fiquei surpreso ao ver como, se você fizer um som de desaprovação para um bebê, ele estremecerá como se tivesse sido submetido a uma acusação quase intolerável. O bebê tem uma espécie de consciência bem estabelecida? Como podemos chamá-la? (tradução nossa).*

Vejo aqui uma ligação dos primórdios da formação do superego, como propõe Braga (2020) com a concepção do *urge to exist* proposto por Bion (2004b [1965]). Em meu entendimento, trata-se da vivência de "força, poder, energia" que se espalha e penetra pelas frestas da mente consciente e inconsciente. Os primórdios de um superego violento, assustador, que ameaça a existência do eu.

Conjecturo ainda que estamos diante de uma dimensão de mente inacessível, que opera na fronteira entre corpo e mente e sobre a qual encontramos vestígios nas "associações" do paciente. Será que esses vestígios, "pensamentos", não poderiam ser um conhecimento inconsciente que irrompe na mente? Penso que esses vestígios tanto são *Elementos* β nascentes que sofrem a transformação da função α e se tornam pensamentos como também podem ser *Elementos* β brutos, que urgem para existir e que ocorrem na mente e não encontram continência para o desenvolvimento de pensamento.

Uma situação semelhante apresentada pela colega Sônia Gazziero. (2020) descreve uma experiência clínica muito rica em que o elemento *urge to exist* se faz presente de maneira dramática. A paciente se sente escrava de uma força que busca matar sua identidade, independentemente de seu desejo.

Considerações finais

A experiência clínica com Maria e com outros pacientes me fez perceber a dificuldade de que essas vivências encontrassem certa possibilidade de elaboração, entretanto, sem que se percebesse muitas vezes o gatilho, como num tsunami, lavavam muito do que fora construído.

Sinto que esses pacientes, como Sísifo, percorrem comigo um caminho. Conseguimos contenção de angústias que se desdobram em pensamentos, aparentes elaborações e, de repente, angústias avassaladoras, dilacerantes, eivadas de uma culpa delirante, que irrompem e destroem muito do trabalho realizado; temos a dolorosa sensação de terra arrasada. Pouco a pouco vamos limpando, juntando os pedaços e caminhando.

Minha compreensão dos *Elementos β* como matriz do pensamento pôde iluminar esta questão por um outro vértice. A ideia de que podemos nos deparar com esses elementos que não sofrem transformação pela função *α* e que irrompem na mente consciente/inconsciente aproxima-se da experiência clínica com esses pacientes, a vivência desses aspectos da mente primordial. O *urge to exist* como uma força cega, violenta e destrutiva que brota na dimensão de O, na mente primordial. Penso ser um *Elemento β* que não sofre as transformações da função *α*; ele é evacuado, atuado independentemente da vontade do indivíduo, caminha na origem da formação do pensamento na mente primordial, ou seja, irrompe da mente primordial na mente simbólica e busca uma realização sem consideração com o indivíduo.

Penso que o *urge to exist* é uma turbulência — "força, poder, energia" — que irrompe na mente consciente/inconsciente de modo dilacerante e não dá à pessoa a chance de se defender, pois é violento e destrutivo. Ele é e cria a turbulência, gerando terror e culpa. Enfim, como já mencionado: *Elementos β* brutos, que não sofrem a transformação pela função α. Vermote assinala: "O *O* de Bion é sobre ser, pura experiência; o *K* de Bion é sobre um contato com a realidade incognoscível pelo pensamento inconsciente" (2019, p. 175).

A compreensão e a discriminação entre os conceitos de *urge to exist* e de "em busca de existência" (←↑) é fundamental. Em meu entendimento, a "busca de existência" (←↑) a que se refere Bion em *Transformações* está presente na dimensão de *K* (Bion a assinalou em C3); já *urge to exist* está presente na dimensão de *O*.

Nos casos clínicos aqui apresentados, João, Alexandra e Maria são atravessados por uma culpa avassaladora que lhes rouba a existência, que atua como um impedimento sempre presente. Sinto que a morte nos espreita, que percorremos caminhos que estão além de impressões conscientes e inconscientes; adentramos na dimensão da mente primordial, vivenciamos juntos experiências que despertam uma culpa terrífica somada a uma violência avassaladora que *urge to exist*.

E como disse para Maria: estamos diante de forças poderosas que estamos lutando para conhecer, cada dia um pouquinho mais...

Concluo este livro com a esperança de que possa lançar um pouco de luz a essa dimensão tão pouco iluminada de nossas mentes, a mente primordial.

Em meu entendimento, o que Bion fez foi acrescentar uma nova dimensão da mente presente desde os primórdios do desenvolvimento do feto, funcionando *pari passu* com outras dimensões. Assim como o novo telescópio, pode nos revelar novas dimensões intergalácticas. Como ocorre no espaço intergaláctico, estamos descobrindo novos espaços mentais que circulam e se estendem entre outras dimensões, como as descritas por Freud, Klein, entre outros. Penso que a compreensão de Bion da oscilação entre PS-D abriu o caminho para que pudesse iluminar essa área indiferenciada *O*, berçário de nossos pensamentos e sentimentos. Em *Transformações* encontramos várias dimensões coexistindo: consciente e inconsciente, pré-natal e pós-natal, dormindo e acordado, dimensões e vértices de observação das experiências — parte dessas ainda não expressas e que compõem o "sistema protomental".

A dimensão de *O* não é apenas inconsciente; ela é desconhecida, pode ser consciente e inconsciente, é realidade inefável.

Nossa tarefa na sala de análise deve ser esta, semelhante à dos astrônomos: mergulharmos na escuridão imensa, sem sabermos por onde ir, o que encontrar, mas vagando atentos tolerando a escuridão, o não saber, vivenciando turbulências, impactos com emoções cruas; elementos β, como raios galácticos — presentes no universo infinito —, nos tomam e, por vezes, impedem-nos temporariamente de pensar. Tão logo conseguimos restabelecer nossa função analítica, nossa mente, como um berçário, acolhe pensamentos nascentes, tornando-os finitos; então, vamos nos aproximando, juntos, vivenciando, até que alguns desses pensamentos ganham forma e sentido...

Segundo Victor Hugo: "A mão que embala o berço, embala o mundo".

Somos parteiros de sentimentos, ideias; acolhemos, nutrimos e damos vida a novos pensamentos que são berçários de novas e renovadas ideias que embalam o mundo.

Referências

Alves, R. (2014). Esforce-se por ser feliz. In R. Alves. *A grande arte de ser feliz*. Planeta.

Bandeira, M. (2013). Consoada. In M. Bandeira. *Antologia poética*. Global.

Bion, F. (Ed.). (1981). *A key to "A memoir of the future"*. Clunie Press.

Bion, W. R. Making the best of a bad job. In F. Bion (Ed.). *Clinical Seminars and Four Papers*. Fleetwood Press, 1987 [1979].

Bion, W. R. (1976a). Emotional turbulence. In W. R. Bion. (Ed.). *Clinical seminars and four papers*. Fleetwood Press.

Bion, W. R. (1976b). On a quotation from Freud. In W. R. Bion (Ed.). *Clinical seminars and four papers*. Fleetwood Press.

Bion, W. R. (1976c). Evidence. In W. R. Bion (Ed.). *Clinical seminars and four papers*. Fleetwood Press.

Bion, W. R. (1977a). Learning from experience. In W. R. Bion. *Seven servants: four works by Wilfred R. Bion*. Jason Aronson.

Bion, W. R. (1977b). Cesura. *Rev. Bras. Psicanálise*, *15*(2), pp. 123-36.

Bion, W. R. (1988). Uma teoria sobre o processo de pensar. In W. R. Bion. *Estudos Psicanalíticos Revisados.* Imago.

Bion, W. R. (1992). Bion em Nova Iorque e em São Paulo. In *Conversando com Bion.* Imago.

Bion, W. R. (1996). *Uma memória do futuro: o passado apresentado.* Imago.

Bion, W. R. (2000). *Cogitações.* Imago.

Bion, W. R. (2004a). *Os elementos da psicanálise.* Imago.

Bion, W. R. (2004b). *Transformações: do aprendizado ao crescimento.* Imago.

Bion, W. R. (2006). *Atenção e interpretação.* Imago.

Bion, W. R. (2016). *Domesticando pensamentos selvagens.* Blucher.

Braga, J. C. (2011, novembro). As experiências emocionais do analista como fio condutor nos labirintos da mente multidimensional. In *Anais do Encontro Internacional de Bion – Cínica: mitos, sentidos, paixões.* Porto Alegre.

Braga, J. C. (2018, abril). Interpretamos pensamentos selvagens? In *Anais da Jornada de Bion: Pensamentos selvagens – interpretação.* Ribeirão Preto.

Braga, J. C. (2021, agosto). *Comentários ao trabalho de Gisèle de Mattos Brito ao Trabalho* "Urge to Exist", apresentado em Reunião Científica da SBPSP. (Manuscrito não publicado).

Braga, J. C. (no prelo). *Desenvolvimentos sobre o conceito de superego na obra de Bion.*

Braga J. C. & Brito, G. (2020, janeiro). Intuição em Palavras Coloquiais de Bion (Supervisões Brasileiras, 1973-1978). In *Anais da Bion International Meeting.* Barcelona, Espanha.

Brito, G. (2002). Elementos β como fator de disfunção e evolução no campo analítico. *Revista Brasileira de Psicanálise,* 36(2).

Brito, G. (2020). Comentários ao trabalho de João Carlos Braga "Desenvolvimentos sobre o conceito de superego na obra de Bion". In *Anais da Reunião Científica: Grupo de Estudos de Psicanálise de Curitiba*. Curitiba: GEPC.

Brito, G. (2021). Reflexões sobre o conceito de "Urge to Exist" em Bion. In *Reunião Científica: Sociedade Brasileira de Psicanálise de São Paulo*. São Paulo.

Brito, G. (no prelo a). Conjecturas sobre o par Intuição e Experiência emocional. In *Conversas Psicanalíticas*.

Brito, G. (no prelo b). *Entre luz e sombra: conjecturas sobre a mente primordial.* Trabalho apresentado em junho de 2021 no Instituto Bion.

Cassorla, R. M. S. (1991). *Do suicídio: estudos brasileiros*. Papirus.

Cassorla, R. M. S. (2017). *Suicídio – fatores inconscientes e aspectos socioculturais: uma introdução*. Blucher.

Cassorla, R. M. S. (2021). *Estudos sobre o suicídio: psicanálise e saúde mental.* Blucher.

Dourado, A. (2005). *Uma vida em segredo.* Ediouro.

Eigen, M. (1985). En torno al punto de partida de Bion: de la catástrofe a la fe. *Libro anual de psicoanálisis,* 66, pp. 263-274.

Ferro, A. (1995). *A técnica na psicanálise infantil – A criança e o analista: da relação ao campo emocional.* Imago.

Ferro, A. (1998). *Na sala de análise: emoções, relatos, transformações.* Imago.

Freud, S. (1980). Além do princípio do prazer. In S. Freud. *Edição standard brasileira das obras psicológicas completas de Sigmund Freud,* v. 18. Imago.

Freud, S. (1980). Análise terminável e interminável. In S. Freud. *Edição standard brasileira das obras psicológicas completas de Sigmund Freud*, v. 23. Imago.

Freud, S. (1980). Inibição, sintoma e angústia. In S. Freud. *Edição standard brasileira das obras psicológicas completas de Sigmund Freud*, v. 19. Imago.

Freud, S. (1980). Interpretação dos sonhos. In S. Freud. *Edição standard brasileira das obras psicológicas completas de Sigmund Freud*, v. 5. Imago.

Freud, S. (1980). Notas sobre o inconsciente em psicanálise. In S. Freud. *Edição standard brasileira das obras psicológicas completas de Sigmund Freud*, v. 12. Imago.

Freud, S. (1980). O ego e o id. In S. Freud. *Edição standard brasileira das obras psicológicas completas de Sigmund Freud* v. 19. Imago.

Freud, S. (1980). Os instintos e suas vicissitudes. In S. Freud. *Edição Standard Brasileira das Obras Psicológicas Completas de Sigmund Freud*, v. 14. Imago.

Gazziero, S. (2020). Investigações no limite do analisável. In *Anais da Reunião Científica: Grupo de Estudos de Psicanálise de Curitiba*. Curitiba.

Green, A. (2000). A mente primordial e o trabalho do negativo. *Livro Anual de Psicanálise*, *14*, pp. 133-148.

Grotstein, S. J. (2003). *Quem é o sonhador que sonha o sonho? Um estudo de presenças psíquicas*. Imago.

Grotstein, S. J. (2010). *Um facho de intensa escuridão: o legado de Wilfred Bion à psicanálise*. Artmed.

Gusdorf, G. (1995). *Professores para quê? Para uma pedagogia da pedagogia*. Martins Fontes.

Hartke, R. (2009). Turbulência psicológica na situação analítica. Conferência de encerramento. In *Anais do Congresso Internacional de Bion*. Boston, MA. (Growth and Turbulence Container/ Contained. Bion Continuing Legacy-2013. Edited by Howard B. Levine and Lawrence J. Brown.)

Howard B. Levine, Brito G. & Junqueira M. (no prelo) The clinical thinking of W. R. Bion in Brazil. Supervisions and seminars. The Routledge Wilfred R. Bion Studies book series.

Junqueira, J. A. (2018). *Impressões de minha análise com Wilfred R. Bion e outros trabalhos*. Blucher.

Junqueira, J. A. & Braga, J. C. (2009). Consciência moral primitiva: um vislumbre da mente primordial. In *Anais do Encontro Internacional de Bion*, Boston. (Growth and Turbulence Container/ Contained. Bion Continuing Legacy-2013. Edited by Howard B. Levine and Lawrence J. Brown.)

Junqueira, J. A. & Braga, J. C. (2009). Consciência moral primitiva: um vislumbre da mente primordial. *Revista Brasileira de Psicanálise,* 43(3).

Junqueira, J. A., Brito, G. & Levine, H. (2018). Supervisão S12. In J. A. Junqueira; G. Brito; & H. *Levine. Bion no Brasil: supervisão e comentários.* Blucher.

Junqueira, J. A., Brito, G. & Levine, H. (no prelo). *Supervisões de Bion, S*11, *A*5, *A*35. *Entre* 1973 *e* 1978.

Korbivcher, C. F. (2009). A teoria das transformações e os fenômenos não integrados: diluição e queda. *Revista Brasileira de Psicanálise,* 47(1), pp. 111-125, 2009.

Letras.mus. *Eu preciso aprender a só ser*, de Gilberto Gil. Recuperado em 29 mar. 2023, de https://www.letras.mus.br/gilberto-gil/46206/.

Letras.mus. *Tudo Azul*, de Lulu Santos., s.d. [1984]. Recuperado em 29 mar. 2023, de https://www.letras.mus.br/lulu-santos/47146/.

López-Corvo, R. E. (2003). *The dictionary of the work of W. R. Bion*. Karnac Books.

Meltzer, D. (1987). *Vida onírica. Una revisión de la teoria y de la técnica psicoanalítica*. Tecnipublicaciones.

Meltzer, D. & Meg, H. W. (1995). *A apreensão do belo: o papel do conflito estético no desenvolvimento, na violência e na arte*. Imago.

Ogden, T. H. (1996). *Os sujeitos da psicanálise*. Casa do Psicólogo.

Ogden, T. H. (2010). *Esta arte da psicanálise: sonhando sonhos não sonhados e gritos interrompidos*. Artmed.

Oldoini, M. G. (2020). Alucinose e *reverie*: a dor de Alice e suas transformações na sala de análise. *Livro Anual de Psicanálise, 34*(1), pp. 95-117.

Perrini, E. A. L. (2017). Me alugo para sonhar: algumas ideias sobre sonho e sonhar em psicanálise. *Jornal de Psicanálise*, *50*(93), pp. 67-78.

Piontelli, A. (1996). Observação de crianças desde antes do nascimento. In N. M. Pellanda; & L. E. Pellanda (Ed.). *Psicanálise hoje: uma revolução no olhar*. Vozes.

Rezze, C. J. (2001). O sonho, o quase sonho e o não sonho. In M. O. de A. F. França, M. da C. I. Thomé & M. Petricciani (Org.). *Transformações e invariâncias: Bion – SBPSP: Seminários Paulistas*. Casa do Psicólogo, pp. 97-116. (Coleção Acervo Psicanalítico.)

Sandler, P. C. (2005). *The language of Bion: a dictionary of concepts*. Karnac Books.

Sapienza, A. (2008). Função alfa: ansiedade catastrófica – pânico – continente com *rêverie*. In C. J. Rezze; E. de S. Marra; M.

Petricciani (Org.). *Psicanálise: Bion – Transformações e desdobramentos*. Blucher.

Symington, N. (1999). *A experiência analítica*. Climepsi editores.

Tracchtenberg, R. (2012). Cesuras e des-cesuras: alguns pensamentos sobre o lado oculto da lua. *Revista da Sociedade Brasileira de Psicanálise de Ribeirão Preto*, 3(1), pp. 97-121.

Trachtenberg, R. (2017). O rio, a ponte e o outro lado do rio: alguns pensamentos sobre estrangeiros, fronteiras e psicanálise. *Revista da Sociedade Brasileira de Psicanálise de Porto Alegre*, I(1), pp. 101-119.

Vermote, R. (2019). Reading Bion. In D. Birksted Breen. *Teaching series: the new library of psychoanalysis series*. Routledge.

Wilheim, J. (1983, novembro). Anatomia. In *Anais da Reunião Científica: Sociedade Brasileira de Psicanálise de São Paulo*. São Paulo.

Wilheim, J. (2004, outubro). O trauma da concepção. In *Anais da Reunião Científica: Sociedade Brasileira de Psicanálise de São Paulo*. São Paulo.

Winnicott, D. (1965). *Os processos de maturação e o ambiente facilitador*. Hogarth.

Zimerman, D. E. (1999). Fundamentos Psicanalíticos. In D. E. Zimerman. *Sonho: formação e funções*. Artmed.

GRÁFICA PAYM
Tel. [11] 4392-3344
paym@graficapaym.com.br